U0581572

社区建设丛书·智慧家长系列

让爱留守

——留守儿童的家庭教育策略

RANG AI LIUSHOU

LIUSHOU ERTONG DE JIATING JIAOYU CELÜE

主　编　陈　敏　黄亚凝
副主编　杨　静　陈叶丹
编　委　王白云　吴林聪
　　　　吴　桐　魏秦柯

西南师范大学出版社
国家一级出版社　全国百佳图书出版单位

图书在版编目(CIP)数据

让爱留守：留守儿童的家庭教育策略 / 陈敏，黄亚凝主编. — 重庆：西南师范大学出版社，2015.6

(社区建设丛书. 智慧家长系列)

ISBN 978-7-5621-7454-7

Ⅰ. ①让… Ⅱ. ①陈… ②黄… Ⅲ. ①农村－儿童教育－家庭教育 Ⅳ. ①G78

中国版本图书馆 CIP 数据核字(2015)第 123305 号

让爱留守——留守儿童的家庭教育策略

主　编　陈　敏　黄亚凝

副主编　杨　静　陈叶丹

责任编辑:雷　刚

封面设计:孙庚贵　杨　涵

排　　版:重庆大雅数码印刷有限公司·夏　洁

出版发行:西南师范大学出版社

　　　　　地址:重庆市北碚区天生路 2 号

　　　　　邮编:400715　市场营销部电话:023－68868624

　　　　　http://www.xscbs.com

经　　销:新华书店

印　　刷:重庆华林天美印务有限公司

开　　本:720mm×1030mm　1/16

印　　张:12.75

字　　数:170 千字

版　　次:2016 年 1 月　第 1 版

印　　次:2018 年 3 月　第 3 次印刷

书　　号:ISBN 978-7-5621-7454-7

定　　价:34.00 元

社区建设丛书·智慧家长系列
编委会

总 主 编 廖桂芳

副总主编 魏　巍　邓　杉　郑廷友

编　　委（按姓氏笔画顺序排列）

王　希　尹晓晴　邓美林　向静芳

杨桂花　张　丽　陈　敏　陈开明

周　茜　周　源　黄亚凝　戴　倩

总　序

孩子的健康成长关系着千家万户的幸福,更关系着中华民族的未来和希望。家庭是一个孩子在从出生到走入社会的过程中重要的生活空间,是培养和教育孩子的重要园地。家庭教育是学校教育的重要延伸和必要补充,具有不可替代的特殊作用。

家长们在面对孩子时会遇到各种特殊情况和疑难问题,如何开展家庭教育、指引孩子健康成长,本丛书提供了一系列的"诊断"和建议。在编写过程中,编者们参阅了大量国内外家庭教育方面的经典案例,结合儿童和青少年的身心特点和成长规律,文字通俗易懂、生动形象,能让您在轻松快乐中感受、领悟、学习、借鉴,也能让您在实践应用中有所收获,与孩子一起成长、共同进步,共建和谐美满的爱心家园。

整套丛书选择了多个当下家庭教育和家庭关系处理中的热点问题,分别从"好父母好教育""隔代教育艺术""留守儿童教育""单亲家庭教育""青春期教育""孩子关键期教育""独生子女教育""和谐家庭建设"等视角进行了研究,并提出了解决问题的办法和有益的借鉴,指出了改进教育的理念方法和有效措施,解答了家庭教育中普遍存在的突出问题,不仅形式上有所创新,内容上与时俱进,而且有较强的可读性,具有普遍的推广和指导价值。

通过此套丛书,我们由衷希望家长朋友们能全面系统、直截了当地认识到,家庭教育是建立在血缘亲情基础之上的教育,不同于学校教育,更不同于社会教育,有其自身的特殊性,在孩子的健康成长中起着不可替代的基础性和保障性的作用。然而现实中,有的家庭忽视了家庭教育,让孩子错失了很多本来很好的成长机会;有的家庭虽然重视家庭教育,但没有章法,不懂得必要的心理学和教育学知识，科学性不够。这两者显然都无法完整地实现家庭教育的功能。科学合理、充满善意、温暖和谐的家庭教育，往往决定了孩子的成人心智、成长水平、成才后劲和成功高度。为了我们共同倾注爱和关怀的下一代，为了我们共同期望的未来社会的栋梁之才，我们需要对家庭教育高度重视、不断反思、探索总结、终身学习。

家长朋友们，教育是一项极为复杂、没有常式的心灵事业，因为每个孩子和家庭的情况都有很多不一样的地方。因此，在具体的教育过程中，希望家长朋友们一定要因人而异、因势利导、顺势而为，针对不同的情况，适时更新教育理念，适时转变教育观念，选择正确、合理的教育方式，才能达到较为理想的教育效果。

世界上有许多事情可以等待、可以重来，唯独孩子的成长不能等待、不可重来。毫无疑问，家庭教育是一项极为神圣、永无止境的灵魂事业，让我们共同坚守、共同努力，倾注关爱和热情，提供氧分和空间，帮助引导孩子仁心向善、天天向上、扬帆向前、一生精彩，让您的家庭真正成为爱的港湾和心灵的家园！

丛书由廖桂芳教授担任总主编，由魏巍、邓杉、郑廷友三位副教授担任副总主编，由一线优秀教师联袂编写而成。系列丛书编写者中有大学生的人生导师，有中学班主任，有小学的辛勤园丁，还有教育培训机构的培训老师。我们通过讲故事、找问题、给对策和提建议的方式，和每一位家长一起来为孩子的成长寻找合理的方向和适当的道路。亲爱的家长们，没有哪一条路是最好的，也没有哪一种方法是通用的，但是我们的心却都一样——"放孩子们到宽阔光明的地方"。怀着这样的愿望，我们和您一起分享这套书，希望您的孩子有一个海阔天空的世界，伴着智慧和勇气，去跨越，去成长！

编者

前　言

　　随着社会的快速发展,越来越多的人不甘于一直贫困,特别是在农村或者偏远的地区,人们为了早点脱贫,义无反顾地背井离乡,离开年迈的父母和幼小的孩子,纷纷走上了外出打工的路,于是乎,"留守儿童"这一新名词诞生了,但是这个新名词带来的却不是幸福,更多的却是一系列的问题和留给大众的思考。

　　一个人想要拥有健康的心理,需要遗传和环境两者密切配合,而父母则是集这两个要求于一身的集合体。父母结合彼此的基因,通过遗传将一些特质传递给孩子,而由其父母共同创造出的一个良好的家庭环境也会给孩子带来健康的心理,因此,亲子关系和亲子教育对于孩子的成长来说是一个至关重要的部分。然而,由于留守儿童长期与父母分离,导致他们缺少父母的关爱,对于成长过程中遇到的困惑没有人对他们加以引导,致使他们形成许许多多的问题行为,严重的还将影响孩子一生的发展,本书意在向留守儿童的父母们介绍关于留守儿童家庭的一些问题解决策略。

　　本书主要针对留守儿童身上出现的一些常见的问题进行写作,把留守儿童按照年龄阶段分成学龄前阶段(3～6岁)、小学阶段(7～12岁)、初中阶段(13～15岁)、高中阶段(16～18岁)四个阶段,根据不同年龄阶段的特点,向读者描述了留守儿童们不同的问题表现,并针对这些问题给予家长或者其他监护人一些处理方法,让家长朋友们对孩子出现某些行为的原因和表现方式有一个比较清晰的了解，可以通过书中的一些策略对孩子进行一定的指导，帮助孩子改掉这些不好的行为，培养他们良好的行为习惯。

谨以此书献给所有留守儿童的父母，希望外出打工的父母们多关心被自己留在家中的孩子，让爱留守。

编者

第一章　家中留有小宝宝

目录

目录

第一章 家中留有小宝宝

——3～6岁留守儿童家庭教育策略

3～6岁一般被称为儿童学龄前期,该阶段内孩子的身体和心理在逐渐成熟,是身体发育、思维发展、性格塑造、行为养成的重要时期。

这个阶段的孩子主动性在增强,当主动行为遭到失败时会失望和内疚;这个阶段的孩子活泼好动,缺乏安全意识;这个阶段的孩子对爸爸妈妈很依恋,爸爸妈妈的爱对他们最重要;这个阶段的孩子开始有自己的朋友,开始和老师建立师生关系,朋友和老师对他们来说越来越重要;这个阶段孩子的语言快速发展,能用语言熟练表达自己的想法;这个阶段孩子的思维要借助于具体的事物或形象,他们做事情和想问题总是以自我为中心;这个阶段的孩子显得非常幼稚,幼稚得不讲道理,他们有时很任性,不听话,想自己做事,但有时又非常依赖大人;这个阶段的孩子情绪很不稳定,动辄大哭大闹,他们对自己感兴趣的事情积极性很高,对自己不感兴趣的事情,则不那么愿意做。

由于3～6岁的孩子年龄较小,家庭成员与孩子朝夕相处,接触的时间和机会最多,因此家庭教育对3～6岁孩子的成长与发展至关重要。留守宝宝却有着不一样的人生经历,在这个阶段爸爸妈妈没有在身边对他们的影响是巨大的。对这些留守宝宝的父母来说,虽然亲情缺位了,但关爱不能缺位,需要做到人离开但爱不离开,与抚养孩子的家人一起配合,科学地教育孩子。

一、建立良好的亲子关系

亲子关系是父母与子女之间的相互关系,作为家庭中最基本、最重要的一种关系,亲子关系具有极强的情感亲密性,它直接影响幼儿的身心发展和性格养成,并将影响他们成年后的各种人际关系。

3~6岁的孩子本应该是在父母浓浓的爱里长大的孩子,但留守宝宝却与父母长期分离,因此,留守宝宝家庭教育第一要点:人离开爱不离开,给予孩子足够的关爱,建立良好的亲子关系。只要有父母的爱,哪里都是孩子的天堂!

1. 孩子把我当陌生人,怎么办?

留守宝宝的故事

都说"世上只有爸妈好",但是我都快不认识我的爸爸妈妈了!听奶奶说,在我出生三个月后,爸爸妈妈就外出打工了。从此,我就成了奶奶的"跟屁虫",奶奶走到哪里,我就跟到哪里。听奶奶说,从他们离开我那时算起到现在,他们只回来过两次:第一次,是我三岁那年,他们在家待了8天;第二次就是今年春节,今年我六岁了,这次他们在家待的时间一共就两天!记得今年他们回家的情景:他们回到家的那一刻,我疑惑地问奶奶:"他们是谁呀?"奶奶笑着说:"傻妹儿,这是你的爸爸妈妈啊!""如果这是我的爸爸妈妈,奶奶我怎么都不认识?"第二天,他们又走了。这还是我的爸爸妈妈吗?他们和陌生人有什么区别!

 **教育有道**

　　这是一个6岁的留守儿童眼中的爸爸妈妈——陌生人。一个长大后的留守儿童对这种陌生感曾这样描述:"那种陌生是一种奇怪的感觉,不太好表达,就好像是:你明明知道那个人和你很亲,可是你却感觉和他有一段距离,在他面前你会觉得不好意思,说话都感觉有些别扭,在他面前你不敢撒娇,你会对他怯生生的。"父母和孩子本应该是世界上最亲密的人,但如果缺乏了爱,最亲的人也会变成陌生人。爱对幼儿期的亲子关系如此重要,这是因为:

　　(1)幼儿期的亲子关系最重要的是要让孩子对父母形成一种安全的依恋。依恋是婴幼儿寻求并企图保持与一位非常熟悉的人亲密的身心联系的一种倾向。可以是与母亲,也可以是与其他的抚养者。婴幼儿的哭、笑、喊叫、身体接触等行为是婴幼儿与抚养者之间一种积极的、充满深情的感情联结。

　　(2)由于不同家庭的养育质量、父母的爱、儿童的气质不同等原因,幼儿与父母会形成三种不同的依恋关系。第一种是安全型的依恋。孩子会因为父母的离开而心烦意乱,但当父母回到身边,孩子则很容易在父母的安慰下平静下来。第二种是焦虑-抵抗型的依恋。当父母离开,孩子会变得极为痛苦。而更重要的是,当重新与父母团聚时,这些儿童难以平静下来,并经常出现相互矛盾的行为,显示出他们既想得到安慰,又想"惩罚"擅离职守的父母。第三种是回避型依恋。孩子不会因与父母分离而过于痛苦,并在重聚时主动回避与父母的接触,有时会把自己的注意力转向其他东西,表现出对父母的冷淡。安全型的依恋是积极的亲子关系,最有利于儿童的身心发展。

　　(3)留守的幼儿因母爱、父爱的缺失,比普通家庭的孩子更容易形成焦虑-抵抗型、回避型依恋模式。前者表现为因为父母的离开大吵大闹,发脾气;后者对父母的离开或回来没有什么反应,就像对待陌生人一般。给予孩子有质量的教育、足够的关爱,是避免形成上述两种亲子关系的关键。

教子有方 >>>

幼儿期的孩子由于父母长期不在身边,要与其建立良好的亲子关系可能比一般的家庭要困难一些,因此更需要父母做有心人。

(1)保证和宝宝沟通的时间和质量。许多留守儿童的父母常常以为孩子只有几岁,什么都不懂,再加上本身工作也忙,就没有和孩子多接触,即便是与家里联系也只是和爷爷奶奶联系。其实这个阶段的孩子虽然无法很好地表达自己的想法,无法和成人很好地交流沟通,但是他们对人与人之间的关系非常敏感。经常与他们在一起的人,经常关心他们的人,对他们而言才是最重要的人、最依恋的人。因此父母需要特别注意以各种方式保持与留守在家里的宝宝的联系,尤其要注意与宝宝沟通的时间与质量。现在通信发达,交通也便利,只要父母有心,经常的联系完全是可以做到的。有条件的父母可以经常通过网络视频与孩子见面,让孩子听得到你的声音,看得到你的模样,如果形成习惯,每到你和孩子约定视频的时间,孩子会非常高兴地守候在电脑面前。即便没有电脑,也要经常通过手机与孩子说说话,不管孩子是否能完全听得懂,是否能和你交流,这样的联系都是非常必要的。有些连网络和电话都没有的偏远地方,父母还可以通过写信、拍照片的方式,拜托识字的家里人或街坊邻居读信给孩子听,给孩子看父母的照片,即便是这样的方式也能让幼小的孩子与父母建立良好的关系。

(2)说话要算数。父母不在孩子身边,常常会通过承诺来表达自己的关爱或者促使孩子去完成某件事。如果随意许诺却不能实现,会让幼小的孩子对父母失去信任,甚至认为父母根本就不爱、不关心自己,继而影响亲子关系。父母在做出承诺前要考虑清楚,做不到的一定不要说,如果承诺了,就一定要想尽办法做到,不要因为长时间分离就忘记或认为可以随便说说。说话算数,一方面可以有效地提升父母的威信,另一方面可以增加亲子间的信任感和感情。

（3）重要的时间别忘记。孩子的生日、节假日等重要时间是和孩子培养感情的好时机。孩子会特别看重生日、节假日,因为每当这个时候别的孩子都会和自己的爸爸妈妈一起过,这代表了父母对孩子的爱。因此,虽然父母不在孩子身边,但是这些重要的时间一定不要忘记。一个电话,一张卡片,一份礼物都会给孩子带来极大的快乐,也会拉近与孩子的距离。

小·贴士

让孩子感觉到爱。不管我们父母认为什么才是爱孩子的方式,最重要的是要多从幼儿的角度去思考什么是爱。有首儿歌唱道:"妈妈总是对我说,爸爸妈妈最爱我,但是我却搞不懂,爱是什么。爱我你就陪陪我,爱我你就亲亲我,爱我你就夸夸我,爱我你就抱抱我。"其实小孩子想要的不过是父母的关心和爱,如果不能陪伴在孩子身边,那么给予孩子足够的关爱,表达出关爱,用行动证明关爱,再远的距离也不是影响父母和孩子感情的障碍。

2. 孩子托付给老人教育,怎么办?

留守宝宝的故事

三岁多的玲玲从小跟着爷爷奶奶生活,她的爸爸妈妈七八年前就去了广东,她还有一个上小学的姐姐。奶奶患有严重的高血压、颈椎病,无法承担太多的事情,爷爷既要照顾玲玲和姐姐,还要下地干农活。两个老人能把生活基本"拖"着走就已经很不错了,根本无法顾及其他。玲玲虽然已经三岁了,却比很多同龄的孩子发育得晚,说话说不清楚(甚至家里人曾怀疑她是哑巴),反应比较慢,常常被别的孩子欺负。面对家里的这种情况,玲玲的爸爸妈妈也觉得很无奈。把孩子托付给年迈的老人抚养教育,是没有办法的办法。但是一方面老人确实力不从心,另一方面老人也不知道怎么科学地教育孩子,玲玲的教育问题成了爸爸妈妈的一块心病。

 ## 教育有道

据权威调查,中国农村"留守儿童"中的79.7%由爷爷奶奶或外公外婆抚养,我们称其为"隔代教育";13%的孩子被托付给亲戚、朋友,被称为"上代教育";7.3%为不确定或无人监护。无人监护是最糟糕的情形,撇开这种情况,无论是"隔代教育"还是"上代教育"都存在许多问题,尤其不利于尚处于幼儿期的留守儿童的发展。

对于幼儿期的孩子来说,隔代教育主要的问题在于:第一,由于血缘、亲缘关系,爷爷奶奶、外公外婆多采用溺爱的管教方式,较多地给予他们物质、生活上的满足和过多的宽容放任,而较少对其进行行为、精神、道德上的管束和引导,放任型的教育容易使孩子养成骄纵的性格和许多不良习惯;第二,老人年岁大,精力不济,健康状况欠佳,再加上有的老人要管几个留守儿童,力不从心,抚养尚且困难,更别说给孩子良好健康的教育。上代教育,即由父母的同辈人,如叔、伯、姑、姨、舅等亲戚或其他人抚养教育留守儿童。上代教育的主要问题是由于孩子并非自己的孩子,因此这些承担抚养教育的人在教养过程中,要么有所顾虑不敢严格管教,要么对孩子漠不关心甚至加以虐待,年幼的孩子很容易产生寄人篱下、无依无靠的感觉,很容易形成内向、孤僻、叛逆等不良性格。

在留守儿童家庭中采用隔代教育和上代教育是现实情况下很无奈的选择，父母不得不把年幼的孩子留在家中，那就必须要在承担孩子教育责任的人方面想办法。

教子有方 >>>

这里需要强调的是，做好承担孩子教育责任的人的工作，就是做好了孩子的教育工作。可以从以下几个方面来入手。

（1）与他们保持经常的联系。父母只有主动经常地联系承担抚养教育责任的老人或亲戚，才能了解到孩子的情况，了解到他们的实际困难，并就孩子的抚养和教育问题进行沟通，共同协商解决困难的方法。这一点听起来不难，却不一定能做到，除了需要父母对孩子有强烈的责任心，还需要父母对孩子的抚养教育者有极大的信任和体谅。比如能设身处地地考虑抚养教育者的实际困难，自己再不容易，也要想办法从经济和情感方面给予支持。

（2）自己学习的同时指导他们怎样教育孩子。因为父母不在孩子身边，所以很多的教育需要通过承担抚养教育的人来完成。一方面父母可以多关注有关幼儿教育的知识，目前市面上有很多关于幼儿期教育的书籍，父母可以购买阅读一些经典的书籍，同时通过互联网和手机应用也能获得很多这方面的知识。更重要的是，父母与承担抚养教育的老人或亲戚交流，用自己学到或了解到的方法指导他们对孩子的教育和管理，就孩子的教育问题达成一致的意见。

（3）鼓励他们与孩子多一些互动的小游戏。游戏是幼儿期孩子的最佳教育方式，通过游戏可以促进孩子的身体和心理的发展。但是抚养教育孩子的老人或亲戚可能很难会想到要和孩子去做游戏。有一些经典小互动游戏可教给他们，鼓励他们在闲时与孩子一起做游戏。

（4）尽可能地解决他们的实际困难。不管是隔代还是上代，他

第一章　家中当有小宝宝

7

们在孩子的抚养教育过程中,都会遇到在身体、精力、经济、精神等各方面的困难。应尽力在经济上给予他们支持,情感上给予他们更多的关心。将心比心,当你用心去对待抚养教育孩子的人,他们会更多地做好一个抚养者和教育者的角色。把孩子丢给别人就不管的父母,也很难要求别人能教育管理好你的孩子。

小·贴士

在这里提供给父母们一些优秀的幼儿期教育的书籍,以便父母更好地了解好的教育方法,并能给抚养教育孩子的人一些指导。

《孩子把你的手给我》:在美国销售达 500 多万册的教子经典,以 31 种语言畅销全世界,彻底改变父母与孩子沟通方式的巨著。

《赏识你的孩子》:书中的大量事例,有助于读者了解赏识教育的精粹,学习赏识教育的实施方法。

《世界上最受欢迎的 9 种教育方法》:收录了世界上最著名的 9 种教育方法,并系统地介绍了每种教育方法的理论发展和实践运用,为读者提供不一样的教育思想。

二、培养宝宝良好的行为习惯

英国有句谚语:"行动养成习惯,习惯形成性格,性格决定命运。"这句话深刻地揭示了行为习惯对于人一生的重大影响。实际上人类大部分的行为习惯是在 3～6 岁幼儿期养成的。这时形成的行为习惯不论是好是坏,都有很大的惯性力量,会在头脑中留下深刻的痕迹,会自觉地表现出来,是一种动力定型。

良好的生活卫生习惯,如作息定时、独立进餐、安静就寝,早晚刷牙、饭前便后洗手、讲卫生、爱整洁等,可以保护幼儿娇嫩的器官,保障幼儿的健康成长。良好的品德习惯,如文明礼貌、友爱同伴、诚实勇敢、爱集体、守纪律等,可以开发幼儿活泼的性格,适应集体生活,有利于亲社会行为和良好人际关系的培养。良好的认知学习习惯,如观察敏锐、注意力集中、勤思考、爱提问、坐姿和写姿正确、爱护玩具和图书等,可以发展幼儿的好奇心、求知欲,启迪思维与想象,提高学习效率。

1. 宝宝爱和大人反着干,怎么办?

留守宝宝的故事

明明今年 4 岁了,他的父母从他一岁开始就在外面打工,一年就回来一两次。明明由爷爷奶奶带着。爷爷奶奶发现,现在的明明越来越不好带了,最大的问题是他什么都和大人反着干,大人说什么他就马上说不什么,反正嘴上就要和你对着干;行动上,你要阻拦他做什么他就非要做。好几次都因为明明和大人反着干差点出事,把爷爷奶奶吓惨了,也气惨了。两个老人拿他一点办法也没有,不知道该怎么管教这个孩子。

 教育有道

孩子在成长的过程中有两个叛逆期。第一个叛逆期是在三岁左右,这是因为小孩在行为上开始独立,在思维上有了自己的想法,孩子突然就变得"不听话了",你让他做什么他非要反着做,觉得不遵从大人的意志是一种乐趣。第二个叛逆期是在十三四岁,那是因为小孩在思想上开始独立。

幼儿反着干主要是想让大人能对他们刮目相看,也是寻求大人对他们尊重的一条途径。他们也希望通过让他自己来做某些事情,向大人展示自己已具备的能力,因为他觉得自己的能力已经很强了。当孩子进入自我发展的下一个阶段后,他们这种"逆反心理"的表现就会不断减少。对于年幼的留守儿童,反着干还可能是寻求大人关注的一种表现,他们越反着干大人越生气,生气也比没有人在乎和注意到强,而且还可能使远方的爸爸妈妈也关注到他。所以一方面"反着干"的行为是孩子发展过程中的正常现象,另一方面也是孩子尤其是缺乏父母关爱的留守儿童寻求爱、寻求关注的一种表现。

换一个角度来看,幼儿的"叛逆"也并非坏事。幼儿这种自己独立于父母的想法,不再"逆来顺受",恰好是智力发展的表现。也就是说,这时的孩子希望能够主宰自己,而不是像以往那样听从大人的安排。

教子有方 >>>

孩子的叛逆可能让家长非常头疼,因此教育要特别注意方式和方法。对于不在孩子身边的父母来说,这会显得更加重要和更加具有难度。下面一些方法可以借鉴和参考。

(1)态度一定要平和冷静。孩子反着干经常会让大人火冒三丈,虽然父母没有在孩子身边,但是听到家里人不断地抱怨孩子的叛逆,也难免发怒。这样的情绪状态不仅不能解决问题,还可能与抚养教育孩子的人把关系弄僵,甚至会吓着孩子,使孩子更加反感,更要反着干。因此再怎么生气,再怎么焦急,都一定要先压住情绪,平和冷静地面对这个问题,再考虑该怎么教育孩子。

(2)引导孩子变"叛逆行为"为"主动行动"。这需要父母将这个教育观点传达给孩子的抚养教育者,由他们在教育过程中去落实。

第一,要明白这个年龄段的孩子出现反着干的情况是正常的,接纳并适应孩子的这种自主独立意志。

第二,别发火,发火没有用,等自己冷静下来再去和孩子说话。

第三,要引导不要压制。就像弹簧一样,反着干的行为越压越管,反弹就越严重。先别急着去骂孩子,如果孩子的行为不是过于违反原则,就可以忽视这个行为,有时候打骂反而会强化孩子的叛逆。如果孩子的行为很危险或很错误,等你的情绪和孩子的情绪都平和下来,再慢慢和孩子交流,引导孩子的叛逆行为朝你所期望的方向转变。

第四,试试表面"顺其言"而实质"反其道"。如炎热的夏天,大人希望孩子多喝一些水,孩子不肯喝,大人可说:"如果你现在不想喝就别喝,等你感到渴了再喝。我可想多喝一些水。"孩子看到大人喝水,很可能会跟着要水喝的。

第五,给孩子一些选择的权利,比如大人在给宝宝提要求的时候,可以使用选择性的语句,比如:"你是想吃饭,还是不想吃?"这样宝宝能够感觉到做事受到尊重,有自主选择的权利,从而减少反着干的行为。

(3)尽量满足孩子对于爱的需求。就如前面所说,孩子的叛逆行为有时候也是期望引起父母的关注,渴望父母关爱的表现。要引导教育孩子的叛逆行为,父母不能仅是在孩子有问题的时候才表现出关注,而是要在平时的生活中,通过电话也好,信件也好,照片也好,经常关注孩子的情况。回家与孩子短暂相处时,尽量多陪陪孩子,与孩子一起玩。总的来说,爱在平时,不要让孩子只有通过叛逆等行为来获得父母的关注。

小·贴士

　　了解并接纳孩子反着干的行为。父母们常常将反着干认为是孩子不听话的表现,希望能纠正孩子的这种行为。事实上,反着干的行为有更丰富的含义,它是幼儿独立性、自主性增强的表现,也是幼儿表达爱的诉求的一种方式。因此只有留守儿童的父母或抚养教育者理解并接纳这种行为,在教育管理孩子的时候,才能更加理性理智,讲究方法。

2.宝宝爱打人,怎么办?

 留守宝宝的故事

　　林聪今年 5 岁,是一个让爷爷奶奶头疼的孩子,因为隔三岔五就有人找到家里来告状,说他把自己家的孩子打了。同村的人都知道林聪是个爱打人的孩子,都让别的孩子不要去找他玩,不要去惹他。为了他爱打人的事情,爷爷总是给别人道歉,甚至还得赔一些钱,爷爷也狠狠地教训过他,但是都没有用。爷爷很多次都在电话里和林聪的爸爸说,这个孩子太不听话太野,他管不了这个孩子。林聪的爸爸妈妈在外地打工,也不可能因为孩子打人的事情立即回来,但是只要一回家,林聪的爸爸总会狠狠地收拾他。

教育有道

"孩子小，不懂事，大了自然就会改"的说法是完全错误的，幼儿期打人的习惯会影响宝宝一生！

曾有心理学家在对600人进行了长达22年的追踪研究后发现，无论是男性还是女性，3岁半时的攻击性记录能有效地预测成年以后的攻击性行为。所以，宝宝攻击性的强弱将对他的一生产生影响。因此当发现孩子有打人行为时，父母或孩子的抚养教育者要了解幼儿爱打人行为的原因并科学地进行教育。通过打骂的方式不仅不能纠正孩子的行为，还会给孩子树立一个打人的"榜样"。孩子爱打人有下面这样一些原因。

（1）抚养教育者不正确的爱。过度的疼爱或漠不关心都是不正确的爱。前者凡事以孩子为中心，对孩子的要求百依百顺，使孩子从小形成自私、蛮横、跋扈的个性，在与同伴交往中恃强凌弱，不能协调同伴间的关系；后者完全不管孩子或者对孩子也是拳脚相加，使孩子身心受到伤害，用打人来发泄情绪或解决问题。

（2）模仿爱打人者的行为。幼儿喜欢模仿成年人的行为，如果抚养教育者也有打人的行为，或者也是用打的方式来教育孩子，解决问题，孩子就会模仿，养成爱打人的行为习惯。

（3）电视、书籍等媒体的影响。孩子观看那些内容充满暴力的电视或书籍，也容易模仿当中的打人行为。

（4）引起大人的关注。缺乏爱和关注的孩子，也会用捣蛋甚至打人的方式来引起大人的关注。

留守儿童的父母忙于工作，疏于管教或管教方式粗暴，如果孩子的抚养人又不能很好地承担教育孩子的任务，就很容易让留守在家的孩子变成"野孩子"，喜欢打人。

第一章 家中若有小宝宝

13

教子有方 >>>

孩子爱打人是一种不良的行为习惯,必须要科学教育。以下的教育方法不管是对留守儿童的父母还是对抚养者都适用。

(1)严肃制止。对孩子的打人行为,既不能不管,也不能以暴制暴。如果宝宝打人了,立刻抓住打人的那只手,同时严肃、坚定地直视他的眼睛,让宝宝感到自己错了,等宝宝情绪平静后,再和他讲道理。

(2)冷处理。当宝宝打人时,父母或抚养教育者千万不能用打宝宝的方式来惩罚他,最好是冷处理。把打人的宝宝放在一边,告诉他大人很爱他,但因为他打人必须受到惩罚。这样的话只说一遍即可,不要多说,更不要向宝宝过多解释为什么。

(3)树立良好的榜样。许多家庭的大人平时不注意自己的言行,说脏话、骂人、打人的行为时常发生。所以要纠正孩子打人的行为,不管是父母,还是抚养孩子的老人,都需要谨慎言行,给孩子树立良好的榜样。

(4)选择优秀、健康的电视节目或书籍。如今,电视、书籍已经非常普及,有很多家庭还接入了互联网。孩子可以接触到大量的信息,这些信息中有许多是儿童不宜的暴力信息,容易影响孩子的成长。父母必须选择优秀健康的电视节目或书籍,上网则要设置绿色上网功能。

小贴士

(1)推荐一些优秀健康的儿童电视节目或书籍。《大头儿子和小头爸爸》,它由诸多微小而有趣的故事组成,是一部很适合中国孩子观看的动画片。《爱探险的朵拉》是风靡全球的美式英语教学片,专为学龄前儿童及妈妈们设计的中英双语节目。在节目里朵拉会说英语和普通话。每一次探险她都会教小观众一些日常生活中有趣实用的英语单词和词组。

（2）目前电信、联通等公司都提供了绿色上网的功能，父母可以给家里的网络开通和设置这样的功能，避免孩子接触到不良信息。

3.宝宝见生人害怕,怎么办?

 留守宝宝的故事

小静已经5岁了，是个非常害羞的孩子，尤其是面对陌生人时总会躲得远远的，不敢说话，不敢看别人。小静才几个月大时，她的爸爸妈妈就开始在外辗转打工，小静每年只能见他们几次面。爷爷奶奶年龄也大了，既要忙地里，又要忙家里，根本没时间好好管理和教育小静，所以小静从小就很懂事，不给家里的大人添麻烦。但是她太害羞了，让在远方的父母在欣慰于她很懂事的同时又有些担心。

 教育有道

据美国心理学家多年研究，许多成年人的拘谨可以追溯到他的儿童时代。如果孩子的拘谨在儿时得不到解决，那么，他的不合群、不爱与他人交往的个性将会妨碍他今后在事业上的发展。即使有的孩子有聪明才智和一技之长，也会因不善于处理人际关系而在人生道路上遇到意外的困难。3～6岁的孩子害怕生人主要有这样几个原因。

（1）孩子缺乏与人交往的经验。如果孩子与人交往的经验非常有限，与人互动的机会少，尤其那些外出玩耍少，经常在家里的孩子，或是家庭成员较少的孩子，认生的表现会更加明显。

（2）心里缺乏安全感。父母工作太忙，无暇照顾孩子，将养育孩子的责任转交给了家人或保姆。虽然家人或保姆承担了父母养育孩子的责任，却无论如何也替代不了父母对孩子的那种情感，因而导致孩子"情感饥饿"。也有的父母对孩子没有耐心，经常因为各种原因呵斥孩子，或者夫妻感情不和，使家庭缺乏温暖，也可能导致孩子缺乏安全感，增加认生的倾向。

（3）家长管教过严，限制过多，打骂，等等，导致孩子不愿接近生人，胆小、自卑。

（4）天生性格拘谨。每个孩子的个性气质都不相同，有的内向、害羞、胆小；有的则活泼、大方、勇敢。如果孩子生性内向、害羞或胆小，加上与外界接触的机会不多，孩子必然比较容易怕生。

而父母长期不在身边的留守儿童，比一般的小孩子更容易缺少安全感，如果再加上性格的原因，就很容易出现怕生人的行为。

教子有方 >>>

孩子生性内向、害羞的性格是比较难改的，我们可以通过给孩子创造人际交往的机会，帮助孩子克服交往中的障碍，指导孩子解决交往中的问题来调整孩子怕生人的行为。以下的方法，对留守儿童的父母和抚养者都适用。

（1）大人与孩子一起出行。留守儿童的父母在孩子身边的时候，要带孩子多出去走走；如果不在身边也要告诉抚养教育孩子的人，平时多带孩子出去走走。一起出行的过程，本身也是大人和孩子交往和沟通的机会。同时出行还会碰到更多的人，和更多的人打交道，这些都是孩子学习与人交往和沟通的好机会。孩子会在观察大人与别人交往的过程中学到不少东西。

（2）从熟悉的环境和熟悉的人开始，帮助孩子克服交往中的障碍。害怕生人的行为不是说调整就能马上调整过来的。可以将孩子害怕的环境、害怕的人排成等级,从最不害怕的环境、最不害怕的人开始帮助孩子克服交往的障碍。当孩子能在低害怕等级的环境和熟悉的人正常沟通交流后,再进入下一个等级的环境。从低到高,让孩子能逐渐适应陌生环境,和陌生人打交道,逐步产生自信。

(3)放手让孩子解决交往中的问题。当孩子遇到问题的时候,大人恨不得自己去帮孩子把问题解决了,干预过多,使孩子没有办法在挫折中学习,永远不知道自己该怎么解决问题。交往的问题也是一样,孩子害怕生人的问题最后还是要由孩子自己来解决,大人可以给孩子创造条件,鼓励他、支持他,还可以分享大人的交往经验,但是要放手让孩子自己去解决。指导和干预是两种完全不同的教育方式。

小·贴士

大人的鼓励支持很重要。孩子要走出人际交往的第一步并不容易,大人的一句鼓励可以使这一步迈得更快更大。但是,大人的责怪、讽刺、嘲笑、打骂、漠不关心则会让孩子退缩,更加没有自信,更加害怕,更不知道如何与陌生人交往。

4. 宝宝口吃,怎么办?

留守宝宝的故事

童童,今年刚5岁,因为口吃被大家叫作"小结巴"。童童的家里人说这是因为童童从小语言能力就不行。童童2岁半以后才会讲完整的句子,3岁多就有口吃现象,现在越来越严重。一句话半天都说不完整,他着急听的人也着急,越急还越结巴得厉害,满脸通红,嘴唇颤抖,有时还直流口水。因为结巴,童童经常被别的孩子嘲笑欺负,他变得很自卑,不愿意和人交往。

 教育有道

口吃是指说话时言语中断、重复、不流畅的状态,是儿童期常见的语言障碍。约有半数口吃的儿童在 5 岁前发病。根据流行病学调查,在不同国家不同种族人群中,口吃的发生率成人为 1% 左右,青少年儿童为 3%～5%,男女比例为 3∶1 到 5∶1 之间。典型的口吃多发生于学龄前 3～5 岁时,少数人发生于学龄后期。国内有报道称:577 例口吃者中发生于 3～7 岁时的占 57.4%,扩大年龄范围至 2～10 岁时达到 80.1%。在儿童期发生的口吃约占 80%,一般不经治疗可逐渐消失,国外许多语言病理学家称之为"发育性语言不流畅"。小孩子口吃的原因有很多。

(1)与家族遗传有关。现实生活中口吃孩子家族中的口吃发生率较高,大约达 65% 左右,因此有人认为口吃与遗传有关。

(2)因模仿他人而形成。很多口吃的孩子本来并不口吃,但是因为好奇好玩,模仿有口吃的人讲话,结果导致自己形成口吃。

(3)突然的精神刺激。比如父母争吵、家庭不和、环境突变、突然强烈的惊恐刺激等,都会使孩子感到很紧张。如果父母未能及时有效地缓解孩子的紧张心理,也可能导致孩子出现口吃。

(4)大人要求过急。在孩子学习说话的阶段,发音不准或咬字不清时,父母急于做过多矫正,以致孩子一句话还没说完时,就经常打断其说话,进行纠正。结果给孩子的心理造成很大压力,一说话就会紧张,担心说错话,久而久之,就可能出现口吃现象。

(5)强行纠正用左手的习惯。父母或老师强迫平时喜欢用左手做事情的孩子使用右手时,也会使部分孩子产生口吃。控制说话能力的脑半球被称为优势半球。习惯于用右手的人,优势半球在左侧;习惯于用左手的人,优势半球在右侧。如果父母强迫习惯使用左手的孩子改用右手拿筷子吃饭,幼儿园老师强迫习惯于用左手的孩子改用右手拿剪刀做手工,都可能会使孩子的大脑在形成语言优势半球的过程中出现功能混乱,导致口吃发生。

留守儿童较之于一般的孩子,缺乏父母的关爱和耐心,又容易产生自卑恐惧心理,更容易发生口吃的情况。

教子有方 >>>

留守儿童的父母或抚养人需要认识到,孩子口吃很多是因为心理因素或家庭教育方式造成的,不需要特别紧张,尤其不能打击贬低孩子。需要用科学的方法对待孩子的口吃。

(1)消除说话时引起情绪紧张的因素。大人要努力创设平和、协调的气氛,帮助孩子减少紧张感。老师、家长与孩子对话时,对孩子的口吃行为不要特别加以关注,而应顺其自然。不要因孩子结巴,自己先焦虑,在孩子面前流露出紧张情绪,从而把焦虑传递给孩子。成人要冷静,让孩子保持宽松的心理环境,没有压力,这样才能消除紧张情绪。

(2)尊重孩子,给予信心。不要说孩子是"小结巴",应该避免挫伤孩子的自尊心,更不能学孩子结巴的样子,也不要在他人面前议论孩子的结巴问题。应该鼓励孩子,告诉他,结巴是可以纠正的,但是需要他自己的信心和毅力,只要努力,是能纠正的。当孩子一时说话不清时,千万不要责怪他。对其他孩子的嘲笑应给予批评、制止。要鼓励孩子慢慢说,有进步就给予肯定:"你进步了,继续努力!"

(3)正确的矫正方法。成人要有耐心让孩子把话说完,然后和颜悦色地、语速缓慢地用简单的语言与孩子交谈刚才的话题,让孩子在与成人简单的对话中做出简单的回答。让孩子把要说的事情慢慢地说清楚,可逐渐消除其说话时的紧张和焦虑。但在矫正口吃

第一章 家中当育小宝宝

时,不要让孩子感觉太累。

（4）有意识地进行一些语言训练。第一,正确示范发音。大人念出正确的发音,让孩子看着大人的嘴形,逐字逐句模仿(先一字一字,后一句一句)。对孩子的模仿要多鼓励,少责怪。第二,训练孩子心平气和地说话。要求他速度要慢,声音要轻,先把要说的话想好,然后慢慢地、轻轻地说出来。第三,让孩子分散注意力。教孩子在说话时做些呼吸和发声练习,做手势和头部运动,来分散其注意力。可以用游戏来增加孩子与人交往的机会,来分散对口吃的注意力。第四,让孩子多朗读儿歌、歌曲和背诵故事。可以找一些生动有趣的儿歌、小故事来激发孩子学习的兴趣,让他反复练习。但不要过于强调质量,以免增加孩子的心理压力。多让孩子唱歌,注意调整说话节奏。第五,训练要由易到难。可以先让孩子多与熟人说话,对话的人少一些;再逐步引导孩子与陌生人对话,对话的人多一些。

（5）培养良好的说话习惯,多鼓励孩子。有节奏的唱歌、朗诵对儿童语言训练有一定的帮助。孩子的抚养教育者或学校、幼儿园老师对患口吃的儿童要给予多方面的温暖和帮助,周围的人也不要戏弄、嘲笑或故意模仿儿童的口吃。

小·贴士

（1）不要训斥和责备孩子。排除家族遗传等因素,小孩子口吃的本质是因对说话感到恐惧而形成的心理障碍。大人往往是形成这种心理障碍的直接导致者。大人焦虑、训斥的后果正是加重宝宝对于说话的恐惧,让口吃的宝宝每次说话都要承受很大的心理负担,以至于脑部活动过于剧烈,正在发育的语言区经常处于混乱状态,最终对大脑的发育造成严重影响。因此,大人不宜对宝宝偶尔的口吃现象过于敏感。当宝宝开始口吃时,应采取忽视的原则,不要给予特别的提醒,更不能嘲笑他。对他说话要慢、轻,句子可以短一些,并认真地听宝宝表达的内容,给予宝宝足够的信心。

（2）不给孩子贴标签。孩子在语言发展中出现暂时性的"口吃"是常见的,不必担心。最重要的是别把孩子看成口吃,不要给孩子贴上标签。其实很多孩子都会经历这个过程,经过短暂的调整便会回归到正常的说话水平上来。

三、让宝宝学会保护自己

幼儿期的孩子活泼好动,对任何事物都充满了好奇心。什么都想看一看、摸一摸。但3～6岁正是幼儿身心发育的高峰阶段之一,由于身体的协调性较差,缺乏一些必要的生活经验,自我保护的意识较差,常常不能预见自己的行为会产生什么样的后果,这一年龄段频频发生幼儿意外受伤或死亡的事件。特别需要关注的是,由于年龄小且没有保护意识,幼儿也容易成为被性侵的群体。

留守的宝宝与别的宝宝比较起来,缺乏父母的有效照顾,更容易遭遇意外。没有一个父母不期望孩子安全,"千般照顾,不如自护",加强对留守宝宝的安全教育,从小增强安全意识,让他们学会保护自己的方法,是留守宝宝父母的当务之急。

1.让宝宝避免意外伤害,怎么做?

留守宝宝的故事

年仅4岁的小刚从家里的高坎上摔了下来,住进了医院的重症监护室,一家人面临着高昂的医药费和未知的治疗结果。小刚摔下来的时候,爷爷去镇上了,奶奶在家做饭。意外事故发生后,两位老人说:"他爸爸妈妈在外地打工,家里地里一堆事情,确实没有办法随时看住他。我们想着家里有大人,就让他自己玩,没有想到会发生这样的事情。"

教育有道

意外伤害在全球范围内成为儿童以及青少年第一或第二死因，而死亡者仅仅是冰山一角，事实上还有大量因意外伤害导致受伤的孩子。3～6岁孩子年龄小，无安全意识，是个好奇的探索者，他们喜欢把身边所有他们觉得新鲜的东西都放进嘴里尝尝味道；还喜欢到处去探险，家里所有角角落落都是他们的目标；到了户外，他们更是精神百倍，勇于探索一切在他们眼里新奇有趣的事物，因此3～6岁的孩子是发生意外伤害事故的高危群体。这个群体的孩子发生意外伤害事故主要有四个原因。

（1）父母（监护人）疏于对儿童的照顾，麻痹大意。幼儿的意外伤害多发生于家长或其他监护人麻痹大意的情况下，不少家长缺乏防止儿童受到意外伤害的意识，根本想不到孩子会发生意外伤害事故。特别是留守儿童家庭更容易出现对孩子疏于照顾的情况。

（2）居室布局或家里的物品放置使用、管理不合理。比如桌椅的尖角、热水瓶、火柴、打火机、刀、农药等物品的放置、使用及管理不当。特别是农村家庭对这些可能带来危险的东西安全意识不强，乱扔乱放，容易被小孩子拿到。

（3）玩具的不合理使用。玩具分了不同的年龄阶段，有些玩具不适合年幼孩子玩，容易出现零件卡喉等意外伤害。

（4）农村公路和河溏管理不到位，健康教育未普及，抢救系统不健全。交通事故和溺水都是幼儿发生频率较高的意外伤害事故，一方面是由孩子不遵守交通规则在公路上玩耍或私自进入情况不明的水域造成，更多的原因是家长缺乏对孩子的安全教育，缺乏对危险路段、水域的监管。

3～6岁留守儿童因年龄特点及家长管教较少的原因，很容易发生意外伤害事故，安全是每一个留守儿童的父母及抚养人都需要高度重视的问题。

第一章 家中留育小宝宝

23

教子有方 >>>

如果父母将3～6岁的孩子留在家中由老人或亲人抚养,首先父母在回家的时候必须做好家中的安全防范工作,同时要和孩子的抚养人交流孩子的安全问题,教给他们安全防范的方法,使父母不在家的时候抚养人能很好地承担起保证孩子安全的任务。

(1)做好家中的安全防范工作。告诉孩子不可以把手指伸进钥匙孔里,也不可以把头或手脚伸入其他小孔、小洞中,同时为家中所有的插座安上安全防电插扣,避免孩子被卡住或是触电;在每个尖锐的、带棱角的地方套上安全防撞角,给孩子经常出入的门安上安全门卡,并将家中的各种利器放到孩子够不到的地方,避免孩子被刮伤或是夹伤;使用安全抽屉锁,将药品、洗涤物品及其他零碎物品都放进孩子够不到的抽屉并锁好;不要将各种包装袋、塑料纸、塑料袋等随意摆放,避免孩子被其缠绕发生窒息;家中的热水瓶、刚用完的电熨斗、装有热水的杯子、餐桌上的热汤热粥以及刚从火上取下来的锅子茶壶等都应放在适当的地方,确保孩子碰触不到;选择适合孩子年龄的玩具,仔细阅读说明书,确认玩具的安全性,检查玩具是否有零部件脱落,必须及时收起已损坏的玩具小碎块,避免孩子误食造成伤害;让孩子远离家中有水的地方,如放满水的浴缸、水斗等,因为孩子总是喜欢把头或者手伸进去,如果不小心跌进去可能造成溺水窒息的危险;冬天使用取暖器时一定要有围栏保护;孩子的房间不要装吊扇和吊灯,孩子活动时不开吊扇;事先清扫孩子要做游戏的场地,尤其注意地上是否有玻璃碎片或是其他易吞咽的小部件;如果家中的阳台上或院子里种有花草树木,最好在这些花草树木前栏上围栏,避免好动的孩子趁你不备时吞下这些植物的花瓣、树叶等。

(2)远离危险的地方,看住孩子,保证外出安全。最好避免6岁以下小孩远离大人视线；带孩子外出要注意不要让他接近没有围栏的池塘、湖泊等，避免孩子滑入水中，酿成大祸，一再提醒孩子不能私自去河边或水塘游泳玩耍，如果是大人带孩子去游泳时一定要仔细检查游泳圈、充气垫等安全设施，并寸步不离地守在孩子身边，时刻保证他的安全；在孩子玩耍前检查设备设施的安全性，查看这些器械是否装配牢固，螺丝、螺帽是否已拧紧，保证不会摇晃或断裂；不要让孩子接触尖锐的器械；如果孩子要荡秋千，一定要选择由质地柔软的帆布或皮质材料制成的秋千，避免孩子头部撞到绳索造成严重创伤；特别注意高坎、高楼梯，不让孩子一个人在这样的地方玩耍，避免从高处摔下。

（3）特别注意道路安全。有些留守儿童家庭的房子就在马路边上，容易发生交通事故，大人需要一再提醒孩子不要在马路上玩耍，过马路必须警惕来往车辆。在有红绿灯的地方，要教育孩子必须遵守"红灯停、绿灯行"的交通规则。如果该路段没有设置红绿灯，则要等到没有车时再过马路。如果大人和孩子同行，告诉孩子过马路时一定要拉住大人的手。如果孩子坚持要自己过马路，那你一定要打起十二分精神，以保证孩子的安全。

小·贴士

（1）溺水自救歌：溺水勿自慌，迅速离现场；清除口鼻保畅通，拍打后背让肺畅；若无呼吸人工上，若无心跳挤心脏；赶紧换上干衣裳，尽快送到病床上。

（2）火灾自救儿歌：火灾来了不要怕，先把心情定下来；如果火苗烧得小，想法把它消灭掉；如果火苗烧得大，跑到屋外空地上，赶快拨打119；千万不要跳下楼，千万不要躲衣柜；如果实在逃不掉，跑到阳台再呼救。

（3）烫伤自救歌：小朋友，被烫伤，莫要慌；手指伤，有点红，摸耳朵;面积大,冷水冲,涂膏药;无膏药,用酱油,搽蜂蜜;烫得重,送医院,莫犹豫;小朋友,要牢记,一冲洗,二护送,莫忘了。

(4)上学放学安全歌:下课铃声响,依次出教室;如厕慢慢走,有序不争抢;楼梯靠右行,不闹不推搡;运动要适量,上课精神旺;快乐做游戏,个个守规章;安全记心上,时时不能忘。放学回到家,别摸刀与叉;插座里有电,千万别碰它;阳台很危险,能看不能爬;煤气有剧毒,别把火来打;一人在家蹲,门是保护神;如果有人敲,先从猫眼瞧;假如生人来,别把门儿开;大声打电话,歹徒最害怕。

2. 让宝宝避免性侵犯,怎么做?

留守宝宝的故事

小芳是个 4 岁留守儿童,父亲是建筑工人,长年不在家,而母亲又患有精神疾病,所以小芳从小就寄养在婶婶家中。由于今年婶婶工作开始变得繁忙,小芳便回到村里,跟爷爷奶奶一起生活。4 岁本是和同龄伙伴嬉戏欢闹的无忧年纪,但对于小芳来说,却充满疼痛与恐惧。3 月中旬,小芳被 17 岁的堂哥带到家中施暴强奸,导致子宫受损并引发了外阴炎和尿路感染。几月下来治疗费已经花去 2 万余元,继续治疗的费用已让这个贫困的家庭无力支付。(引自 2012 年 7 月 30 日新浪网亲子栏目"4 岁女童遭堂兄性侵")

教育有道

许多年轻的父母觉得对于 3~6 岁这样的小孩子来说,性侵犯是很不可思议的事情,也是不可能发生在自己孩子身上的事情。事实上,儿童性侵犯已成为全球公害,在我国这样的事情也是越来越多,而且呈现出被侵犯者的年龄越来越小的趋势,两三岁的孩子遭受性侵犯的事情常常可以在新闻中看到。

留守儿童,尤其是留守女童是遭受性侵犯的高危人群。这是因为:第一,留守儿童的父母不在身边,家里的人也疏于照顾,没有大人在身边的孩子就很容易成为被侵犯的对象;第二,中国文化对性是讳莫如深的,特别是在农村,文化程度不高的父母更是不会对孩子进行正确的性教育,没有任何防范意识的留守儿童常会因为食物、玩具等小诱惑被人骗,遭受侵犯;第三,留守儿童的居住地大多在比较偏僻的农村,不容易被发现的地理位置也给犯罪者提供了犯罪条件。

虽然国家加大了对儿童性侵犯行为的打击力度,但是,对于家长来说,最重要的还是要让孩子自己建立防范意识,掌握防范方法。因此平时对孩子开展性教育和防范教育意义重大,大量的调查发现,对幼儿的大多数性侵犯没有使用暴力,而是以"让我给你检查身体"或"我们来玩一个游戏"等诱骗孩子。因此对于幼儿的防性侵教育,要从引导幼小的孩子认识自己的身体,了解身体隐私的重要性,警惕并拒绝别人触摸自己的身体着手。

教子有方 >>>

家长要以自然、正常的态度教导孩子有正确的性观念,并且要教会孩子保护好自己身体的隐私,以免受到不必要的伤害。

(1)让孩子知道我们每个人的身体都有一些隐私部位,包括腹部、臀部、大腿内侧、女性的胸部和阴部、男性的阴茎等被背心和裤衩遮盖的部位。父母可以与孩子一起做练习(游戏)。如,可利用女孩或男孩的形体轮廓示意图,与孩子一起讨论哪些部位是隐私部位,并让孩子在隐私部位画上圆圈,然后用水彩笔涂上颜色。保护我们的隐私部位不被他人随便看和触摸(除了在我们小时候洗澡时

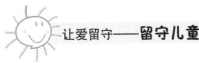

父母帮助我们清洗,或当我们身体不适时父母照顾我们,或是为了健康由医生帮我们检查身体)。如果有人要看或触摸我们的隐私部位(手、嘴、生殖器),或者要求我们看或触摸对方的隐私部位,他们的行为都是不对的。

(2)让孩子知道不能暴露身体。在性蕾期,孩子可能因对性器官的好奇,会有一些不合适的行为出现,如孩子玩脱衣服的游戏,父母应予以制止,并向其解说此行为不当的原因:"有礼貌的孩子,是不会随便把裙子掀起来,也不会乱摸身体的。"发现孩子有不当行为时,找出一些有趣、更吸引注意力的事,来转移孩子的目标;平常假日或空闲时间,可以带孩子到郊外和公园接触大自然,或增加和其他小朋友接触的机会。不要让幼儿只待在封闭的室内空间,接触面越广,可转移注意力的事件越多。如果父母不在孩子身边,也一定要告诉平时抚养教育孩子的大人要这样教育孩子。

(3)告诉孩子性侵犯者并不只限于陌生人,有些可能是我们非常熟悉的人。但无论侵犯者是谁,无论以什么理由进行,都是错误的行为。每隔一段时间便与孩子温习一下如何保护自己免受侵犯。让孩子学会辨别什么样的身体接触是好的和不好的。如,父母可以告诉孩子,大人在表达对孩子喜爱的时候也会与孩子有身体的接触,例如亲吻脸颊、拥抱、抚摸头部和脸部、拉手等,这样的身体接触让我们感受到爱与被爱,是好的接触;如果大人与我们身体接触的时候,大人身体的某个部位(手、生殖器)在孩子身体的隐私部位反复触摸或者摩擦,这就是不好的接触。当孩子遭遇不好的接触时,要立即想办法离开这个成人,并把事情告诉父母。

(4)让孩子记住以下内容:无论任何人,包括爸爸妈妈、爷爷奶奶、爸爸妈妈的朋友、亲戚、老师都不可以随便看你或摸你的隐私部位;如果医生要检查你的隐私部位,必须要有爸爸或妈妈陪着你;如果有人想摸你的隐私部位,要勇敢地拒绝他,并严厉地告诉他不可以这样做;如果有人摸了你的隐私部位,应当立即告诉爸爸妈妈,你可以得到爸爸妈妈的帮助;你也不可以随便看或摸别人身体的隐私部位,要懂得尊重他人的隐私。

对于幼儿的性安全,很多父母觉得没有必要给孩子讲,尤其是有些留守儿童父母觉得不在孩子身边,无法给孩子讲。我们认为父母对这个问题的重视是最重要的,只要父母足够重视,利用现在的各种通信途径,也能对孩子进行教育。

小·贴士

(1)唱一唱:和爸爸妈妈一起唱《小熊小熊好宝宝》的儿歌

小熊小熊好宝宝,

背心裤衩都穿好。

里面不许别人摸,

男孩女孩都知道。

(2)读一读:和爸爸妈妈一起读《安全十大宣言》

平安成长比成功重要

背心、裤衩覆盖的地方不许别人摸

生命第一,财产第二

小秘密要告诉妈妈

不喝陌生人的饮料,不吃陌生人的糖果

不与陌生人说话

遇到危险可以打破玻璃、破坏家具

遇到危险可以自己先跑

不保守坏人的秘密

坏人可以骗

3.让宝宝避免被拐走,怎么做?

留守宝宝的故事

　　年仅3岁的小涛被一个陌生女子在家门口拐走了,这让本来就艰难的家庭雪上加霜。小涛的爸爸妈妈常年在广州打工,把小涛交给爷爷奶奶照顾。爷爷奶奶不可能什么都不做,24小时看着小涛,所以都是边做事情边让小涛在边上玩。可是这天,当爷爷做完事情叫小涛的时候,才发现就在自己的家门口玩耍的小涛不见了。两个老人四处寻找,也没有找到,有人说当天曾看见有个女人带着小涛走了。老人这才意识到小涛被拐走了。

教育有道

　　近年来,随着农民工纷纷进城务工,留守儿童在农村大量涌现,他们多与上辈亲人,甚至父母亲的其他亲戚、朋友一起生活,自我防范意识较差,被犯罪分子拐卖的案件屡屡发生。公安部的数据显示,在被拐卖儿童中,留守儿童的比例非常之高。尤其是3~6岁的孩子,较之于其他大龄的孩子更没有安全意识,更缺乏抵抗力,即便被拐也因为年龄小很难说清楚自己的父母、家庭住址等重要信息,很快就会忘记自己的父母和家庭。因此,这个群体是被拐卖的高危人群。留守儿童的父母及抚养教育者必须高度重视,加强防范,谨防孩子被拐卖。

　　很多大人平时对拐卖不以为然,总觉得那是发生在新闻中的事情,而且大人就在旁边,孩子怎么可能被拐走?真的当孩子丢失的时候,大人才开始惊慌失措,找孩子成了最重要的事情。殊不知与其当拐卖发生后后悔莫及，不如平时就做好防范工作，也教会孩子怎样去保护自己。

教子有方 >>>

许多孩子被拐的案例都是因为家长看管不严造成的。其实，只要家长细心，就能大大减少此类案件的发生次数。留守儿童的父母必须和抚养孩子的家人沟通以下的内容。

（1）避免孩子独自一人。年幼的孩子一定不能让他独自玩耍，因为这样很容易发生意外或被陌生人拐走。不要让孩子独自在门外玩耍，不要将孩子单独留在家中或店铺里。即便大人就在附近，也需要随时注意孩子的情况，不可掉以轻心。最好也不要让孩子在没有大人看护的情况下跟随其他孩子外出玩耍。

（2）大人不要带小孩到偏僻人少的地方，但是人特别多的地方也要格外小心，比如集市、商场、大型活动的现场，人多大人无法时时照顾得到孩子，一不小心就会弄丢孩子。带孩子外出时，须留意四周情况，注意是否有人、车跟随。带孩子在马路上行走时，尽量靠里走，注意防范后面行驶来的可疑车辆，不要让孩子离开家长的视线范围。

（3）孩子的监护人要掌握孩子的行踪。如果孩子已经上幼儿园，必须由大人亲自接送孩子，尽量别让外人去接。也不要把孩子交给陌生人看管或带走。无暇照顾孩子时，一定把孩子交给可信赖的亲朋好友。有时，我们还需要邻居的帮助，所以邻里间要和睦相处，遇事才可以彼此照应。

（4）把监护人、亲朋好友的住址和工作单位及电话号码，尤其是报警电话号码告诉孩子，给孩子佩戴有家庭相关信息的物品，并教孩子有事打紧急电话。平时应准备好孩子的一套近照、牙科记录和指纹等资料，以备急用。注意孩子身上一些明显的体表特征，如黑

第一章 家中当有小宝宝

31

痣、胎记、伤疤等。如果发现孩子失踪应立即报案。

小·贴士

护子儿歌

小白兔，上学校，
见生人，有礼貌。
不说话，笑一笑，
蹦蹦跳跳快走掉。

我家有条小花狗，
生人接它它不走。
摇摇头呀摆摆手，
见了妈妈我才走。

清晨太阳升在东，
夜里马勺北斗星。
街道门牌要记清，
会认东西南北中。

四、异常情况

3～6岁的幼儿正处于身体和心理快速发展的时期,父母需要密切关注孩子的身体和心理的发展情况,孩子的有些行为可能会提示他的身体或心理发展出现了异常情况。对异常情况的科学认识、正确对待、及时调整或治疗非常重要。

留守幼儿的爸爸妈妈长期不在孩子身边,对孩子的异常情况可能不知道,知道了又可能不了解,如果没有对孩子的异常情况及时调整和治疗,就会耽误孩子的身心发展。因此要了解一些这个年龄阶段的典型的异常情况,掌握处理异常情况的方法。

什么是孤独症?

 留守宝宝的故事

东东从小被认为是个奇怪的孩子,他已经5岁半了还不会说话,也不和人有目光上的接触,注意力不集中,多动,总是不能自我控制地走来走去,一直处在自娱自乐状态,不会与别人一起玩耍,喜欢用物体刮墙发出刺耳的声音。穿衣服、上厕所他都不会做。他还经常因为愿望没有被满足而大吵大闹,发出尖叫声。

东东的爸爸妈妈长期没有和他在一起,每次听别人说起东东的情况,都觉得可能就是孩子性格比较内向,没有什么关系,等大一点就会好起来。年龄大了,自然会说话,自然会自己穿衣,自己照顾自己,也会有他自己的朋友圈子。但是随着东东越来越大,他们发现东东连爸爸妈妈都不会叫,别人叫他他也根本没有反应,他们才开始担心起来。带东东去医院看看是不是耳朵有问题,结果医生听了他们的描述,建议他们去看心理科,最后东东被心理科医生诊断为孤独症。东东的爸爸妈妈一下子就懵掉了:什么是孤独症?严重吗?大人该怎么办?

 教育有道

孤独症,又称自闭症。该症一般起病于3岁以前,主要表现为三大类核心症状,即:社会交往障碍、交流障碍、兴趣狭窄和刻板重复的行为方式。

社会交往障碍具体表现为:婴儿期回避目光接触,对人的声音缺乏兴趣和反应,没有期待被抱起的姿势,或被抱起时身体僵硬、不愿与人贴近。在幼儿期,患儿仍回避目光接触,呼之常无反应,对父母不产生依恋,缺乏与同龄儿童交往或玩耍的兴趣,不会以适当的方式与同龄儿童交往,不能与同龄儿童建立伙伴关系,不会与他人分享快乐,遇到不愉快的事情或受到伤害时也不会向他人寻求安慰。学龄期后,随着年龄增长及病情改善,患儿对父母、同学可能变得友好而有感情,但仍明显缺乏主动与人交往的兴趣和行为。

交流障碍具体表现为:该症患儿常以哭或尖叫表示他们的不舒适或需要;稍大的患儿可能会拉着大人的手走向他想要的东西,但缺乏相应的面部表情,表情也常显得漠然,很少用点头、摇头、摆手等动作来表达自己的意愿。同时,他们的语言理解力差,言语发育迟缓或不发育,言语的语法结构、人称代词常用错,语调、语速、节律、重音等也存在异常。

兴趣狭窄及刻板重复的行为方式具体表现为:该症患儿对一般儿童所喜爱的玩具和游戏缺乏兴趣,而对一些通常不作为玩具的物品却特别感兴趣,如车轮、瓶盖等圆的可旋转的东西。有些患儿还对塑料瓶、木棍等非生命物体产生依恋行为。患儿的行为方式也常常很刻板,如:常用同一种方式做事或玩玩具,要求物品放在固定位置,出门非要走同一条路线,长时间内只吃少数几种食物等;常会出现刻板重复的动作和奇特怪异的行为,如重复蹦跳、将手放在眼前凝视、用脚尖走路等。

约 3/4 该症患儿存在精神发育迟滞现象,1/4~1/3 该症患儿合并癫痫。部分患儿在智力低下的同时可能出现"孤独症才能",如在音乐、计算、推算日期、机械记忆和背诵等方面有超常表现,被称为"白痴学者"。

教子有方 >>>

虽然孤独症孩子的治疗需要更多的医院正规系统的治疗,但家庭的训练也非常重要。如果留守儿童患上孤独症,家庭的训练就可能要抚养孩子的家人才能完成,因此留守儿童的父母自己要了解什么是孤独症以及这种病对孩子的影响,掌握孤独症的家庭训练方法,并教给家人。下面介绍一些自闭症孩子在家的训练方法。

(1)感觉统合训练。感觉统合训练是自闭症孩子以后一切运动的根本,不进行感觉统合训练,后面的一些粗大运动、精细运动等就会很难进行下去。可以在家通过游戏进行感觉统合训练,比如:"海洋球游戏",花几十块钱买个充气小游泳池,让孩子在里面玩;"毛巾游戏",用一条大浴巾或是毛巾毯把孩子包起来,让他在毛巾毯里滚动扭动,这个可以让孩子身体的各部位来感受触觉刺激以及前庭刺激;"软垫游戏",用家里的两张沙发垫子或厚一点的被子一上一下压在孩子身上,家长可以轻轻地压在上面,摇动一会,孩子全身承受压力后可以培养自动自发的调节机能;"吹风机,毛笔毛刷游戏",用吹风机的冷热风或是软毛笔毛刷刺激孩子敏感部位的皮肤,比如嘴巴周围、颈部、腋下。

(2)感知觉训练。年龄段:3~4 岁;项目:颜色配对;材料:彩色积木、彩色卡片等;两个托盘;目标:能区分颜色。两个托盘分别放置在家长和孩子面前,拿出一种颜色的物体放在托盘里,并且说出物品的颜色,要求孩子也拿出相应颜色的物品放在托盘里,并且说出颜色,做对了就夸奖和奖励;没做对就辅助孩子做好,再给予夸奖和奖励。

(3)模仿训练。模仿使用物件的步骤:第一,模仿单一动作操作物件(如:用匙子敲击桌子);第二,模仿用同一物件做两种不同的动作(如:用匙子敲击桌子及用匙子假装进食);第三,模仿以不同的方式排列相同的物体(如:用积木"砌"成不同的形状);第四,模仿排列不同的物件或从大到小排列物件。模仿动作的步骤:第一,从大关节活动(如:举手)至小关节活动(如:活动手指);第二,从自己看到的动作(如:拍手、踏脚)至自己看不到的动作(如:摸眼睛、摸鼻子);第三,从身体动作(如:拍手)至符号动作(如:画线条);第四,同时模仿两个或以上的动作(如:两手同时摸耳朵和鼻子);第五,模仿较复杂的动作(如:模仿动物的动作、根据节奏或旋律模仿动作)。

(4)粗大运动训练。大量做蹦跳运动会增进气息的顺畅性,边跳边说可以提高声带的功能,增强发音力量。在运动训练中,边做边说,使他们能更好地感受语言,同时,通过运动促进语言中枢的发展。另外,在运动中,父母与孩子互动,同伴间互动,使孩子学会听指令和感受到交往的乐趣,逐步学会交往。

(5)精细运动训练。2~3岁:一页一页地翻画册。准备一些可以让孩子一边看一边摆弄的书,在你给孩子讲故事的时候让孩子替你翻书,孩子给你当帮手时,就称赞他;用一本厚纸板的画册,孩子翻得好就表扬他;给孩子看他自己的照片,将照片夹到下一页里,鼓励他翻过一页去找照片;做一本剪贴簿放入孩子喜爱的画;在书页边缘处贴上小纸条,以便容易翻开书页。3~4岁:用木槌钉5根钉子,用两把木槌(你一把,孩子一把),让孩子看着你的动作并模仿,教孩子钉的方法,手把着手教他,如孩子能瞄得准确了,就减少对他的帮助。起初,除中间的一根钉子留给孩子练习外,其他的钉子都由你钉进去,必要时手把着手地教他。如孩子能正确地钉了,就逐渐减少对他的帮助。他钉得熟练后,每次给他增加一根钉子,钉好了就表扬他。4～5岁:把两三块黏土捏成某种形状。你和孩子各揉一个黏土球,你把这些球拼起来做成雪人、兔子、猫等给孩子看,让孩子照着做,你口头提示他每部分如何粘在一起;你和孩子各揉出5根细长的棒子样的东西,让孩子利用这些棒状物做成动物的尾巴或腿,做成椅子或桌子的腿等;让孩子用熟面团练习捏面人或动物,捏好了让孩子吃,以资鼓励;用土和水混在一起捏成有形的物体。

小贴士

(1)在家的训练,大人可以安排在固定的时间做,时间长度由短到长循序渐进,根据孩子的实际情况来安排,一定要想办法根据孩子的兴趣点来安排,家长也可以一起做,切记不能强迫孩子,但是也不能被孩子的情绪左右。

(2)大人可以准备小凳子、小桌子,在固定的时间地点进行训练,培养孩子的耐坐能力,时间也是由短到长,循序渐进,5分钟,10分钟,慢慢地增加时间。

第一章 家中留有小宝宝

第二章　家中留有小学生

——7～12岁留守儿童的家庭教育策略

7～12岁是儿童开始进入小学学习的时期,是儿童心理发展的一个重要转折时期。在小学低年级,儿童还具有明显的学前儿童的心理特点,而小学高年级儿童则随着生理年龄的变化,逐渐步入青春发育期,因此,小学时期被称为"前青春发育期"。

学习活动在这个时期开始成为儿童的主导活动。儿童的学习动机、学习兴趣和学习态度开始形成和分化,学习策略也在形成和丰富。思维从以形象思维为主要形式逐步过渡到以抽象逻辑为主要形式。虽然这时候的儿童在飞速成长,但是其中还是存在许多的问题。

情绪差。7～12岁的孩子,正在尝试独立。他们时常会考验自己的极限,很容易在家里或学校与人发生争执。在遭遇悲伤和挫败时,他们最直接的反应就是发脾气。

作业难。7～12岁是保护和发展孩子勤奋品格的关键时期,学习管理自己的作业任务,就是最主要的渠道。如果孩子在完成作业上有困难,除了智力因素,认知、读写障碍以外,更普遍的原因是孩子没有养成好的作业行为习惯。

不合群。7～12岁的孩子开始渴望友谊,学校和同学对他们的影响越来越大。他们为强化自己自信心所需要得到的认可,更多地来自同学。如果只是成绩差,还不至于让一个孩子讨厌学校;但是如果他在校园里没有朋友,或者冲突不断,受人排挤,就很可能产生厌学情绪。"不合群"是这个年龄段孩子的家长特别需要警惕的危险信号。

易自责。由于7～12岁的孩子还没有独自生活的能力,只能长期生活在父母和他人的关心和爱护下,因此形成较强的依赖心理。首先表现为对环境的依赖,如不能适应天气的变化,不知道添减衣服,需要有老师或家长的提醒才行,否则很容易感冒。其次表现为自责倾向。这一现象在小学生中较多,危胁着他们的心理健康。自责倾向是指当发生不如意的事情时,经常认为是自己不好,对自己所做的事抱有恐惧心理。自责倾向的根源是对失去别人的爱感到不安。当孩子感到被父母、教师、朋友抛弃时,往往会形成自责倾向。如父母、教师对儿童过分严厉、专制,挫伤了他们的自尊心,让他们感觉不到来自权威人物的爱,从而出现自责心理等。当对别人的爱渴求过强时,一点小过失就会使小学生感受到自己不再被爱了,这样的儿童往往有很强的依赖心理,很难独立。

一、建立良好的亲子关系

7～12岁的儿童处于小学阶段,随着生活空间的扩大,儿童与父母的交往时间减少,较之婴幼儿期,父母对儿童的影响力减弱,老师与同伴的影响力开始增强,亲子关系呈现出不同的特点。

第一,亲子关系仍然是影响小学生的主要因素。虽然小学生的人际交往逐渐丰富起来,与同伴的交往也明显增多,但与父母仍保持着亲密的关系,父母、家庭仍是他们的"避风港"。小学生对父母怀有浓厚的感情,因此小学生与父母的关系在其身心发展上仍起着重要作用。

第二,师生关系、同伴关系对儿童的亲子关系有重要影响,有一定的弥补作用。具体表现为这阶段的孩子努力在学习中取得成功,

第二章　家中留育小学生

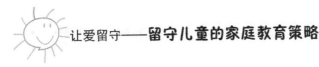

对教师非常尊重,对同伴越来越重视,父母可以借助教师和孩子的同伴与孩子沟通,对孩子实施教育,从而建立良好的亲子关系。

当家中留有小学生,父母的关爱仍然非常重要。同时面对越来越独立的孩子,父母可以从孩子的学业入手,充分发挥教师和孩子同伴的作用,建立良好的亲子关系。

1.孩子上小学了,父母不在身边,怎么办?

 ## 留守小学生的故事

五年级的小碧,来自单亲家庭,从小随父亲生活,母亲因生她时难产而去世。由于家境贫寒,爸爸不得不出门打工。由于家里没人照顾她,她只有在学校住读,平时比较孤独、自卑、胆怯。她成绩很差,每门功课都不及格。平时的她,穿着比较邋遢,同学都不愿与她交往,不愿和她住在同一间宿舍,东西也不愿和她放在同一个橱柜里。她总是独来独往,不太合群,感到无比的孤独、自卑。由于她很懒,并且爱撒谎,再加上成绩极差,老师也不喜欢她,因此很少与她沟通、交流。

小碧在日记中写道:"妈妈,您在哪儿? 每到过年时,看着别的人家都开开心心地过年,我心里就非常难过。每次年夜饭只有我和爸爸在一起吃,也没有多少菜,一切显得很冷清。每当这个时候,我就非常想念妈妈,心里问:'妈妈,你在哪儿? 为什么别人都有妈妈,而我没有呢?'"

 ## 教育有道

著名心理学家埃里克森认为,在孩子的发展过程中,6～12岁小学阶段的儿童都应在学校接受教育。学校是训练儿童适应社会、掌握今后生活所必需的知识和技能的地方。如果他们能顺利地完成学习课程，他们就会获得成就感，这使他们在今后的独立生活和承担工作任务中充满信心；反之，就会产生自卑感。父母在这个过程中发挥着重要的作用，如果父母能在孩子的身边，关注孩子的成长，指导孩子解决遇到的问题，如鼓励孩子的学业，让他们在学业中体会到成就感，就能大大地促进孩子的健康成长。

而对于留守儿童来讲，进入小学以后，由于长期与父母分离，除了缺少父母的关爱，更重要的是缺乏来自父母的指导和鼓励。孩子遇到困难不能从父母那里找到感情的支持，在学习、生活过程中出现一些差错得不到及时的引导、纠正，便形成一些明显的心理行为问题，如感情脆弱、自暴自弃、焦虑自闭、缺乏自信、悲观消极。有些留守小学生还出现严重的学业问题，如缺乏学习动机，成绩很差，学业上体会不到成就感；有些留守小学生不知道该怎么与同学交往，人缘不好，受排挤等。这些都是需要父母高度重视并努力去解决的问题。

教子有方 >>>

与3~6岁的留守儿童相比，处于小学阶段的留守儿童除了需要父母的爱以外，更需要父母对学业、人际方面的指导和教育。因此留守小学生的父母可以采取以下几种方法。

（1）父母和孩子抚养者配合。父母可以利用过年或者平时回家的时间与孩子的抚养者进行交流，深入了解孩子的情况，告诉他们自己教育孩子的一些想法，并一起商量平时应该怎样管教孩子。这样的沟通是非常有价值的，父母能了解到孩子的情况，能表达自己的感激之情，还能落实自己的教育方法。只有父母与孩子的抚养者进行配合，抚养者才能在真正意义上对留守儿童进行管教，而不是

第二章 家中尚有小学生

放任不管。如果父母不给予抚养者一定的方法、权力或者是承诺，抚养者往往不知该如何下手。父母和孩子抚养者沟通好了，一起配合，就能更好地教育和管理孩子。

(2)经常和孩子沟通与学习相关的事情，关注孩子学业上碰到的问题，父母如果有好的学习方法可以给孩子以指导；如果没有，至少可以给孩子提供老师、参考教材等资源。虽然不在孩子身边，通过电话也是完全可以了解和掌握孩子的学习情况的。

(3)指导他们解决遇到的人际难题。人际交往困难是很多小学生都可能会碰到的问题，对此留守小学生的父母要有所了解，平时应有意识地询问孩子人际交往方面的情况，表达父母愿意和他一起学习怎样与人交往的意愿。

(3)鼓励孩子主动与人交往，特别是主动与同样是留守儿童的同学交往，留守儿童与留守儿童之间因为经历相似会比较有共同语言，能相互倾诉，相互帮助，相互鼓励。这样的交往既让留守儿童收获了友谊，也同时让他们增加了人际交往的经验。

小贴士

1.指导和帮助比给予物质条件更重要。对于小学阶段的孩子，他们的学习、人际、生活等方面都处于不断学习和积累经验的过程中，他们特别需要的是父母的指导和帮助。留守小学生的父母在指导孩子的成长方面要多学习，多与孩子沟通，多提供方法和资源。

2.关注孩子的成长过程更重要。留守小学生的父母没有陪伴孩子一起成长，对孩子的成长过程不能完全了解。切忌只看重结果，不去了解过程，粗暴简单下结论，比如只看孩子的分数，只看孩子说的某句话或某个行为，这可能对孩子造成极大的打击，没有信心去学习和生活，从而形成恶性循环。

2. 孩子很冷漠，怎么办？

 留守小学生的故事

李洋来自四川的某个小镇，是一名六年级的男生，不爱说话，有些内敛、羞涩，见到老师也几乎不打招呼。

李洋的妈妈在生他之后有些抑郁，情绪低落，对孩子疏于照顾，就交给外公外婆带，两口子则外出工作，外公外婆对孩子溺爱有加，父母也很少操心。

因为对孩子心存内疚，李洋妈妈暑假特地把他接过来，想好好弥补一下曾经缺席的亲情。但是孩子过来后，几乎不跟爸爸妈妈讲话，也不愿跟爸爸妈妈出去转悠，整天就沉迷于电视或电脑。由于妈妈看不惯孩子的一些行为习惯，就经常好意在儿子面前唠叨，儿子一概置之不理，母子间经常起冲突，妈妈甚至威胁说把李洋送回去。

 教育有道

小学生与父母的关系有这个阶段的特点，有研究表明，小学阶段的儿童亲子关系的状态呈波浪式发展趋势。

（1）一至三年级时亲子关系特别好。儿童在这个阶段，由于年龄小，对父母有较强的依恋性、依赖性，父母也对孩子关爱倍增，亲子关系特别好。

（2）四年级时亲子关系相对疏远。读四年级的儿童的独立性强起来了，反抗情绪也随之增强，总希望能独立处理一些事情。而在父母眼里，孩子始终是不懂事的，需给他们"掌舵"，因此亲子间关系有变差趋势。

（3）五年级时亲子间关系又有所好转。读五年级的儿童逐渐懂事，又面临升初中的考验，父母也非常关心孩子的学业。彼此间的关爱，密切的交往，会促进亲子关系向良好状态发展。

（4）六年级时亲子关系再次疏远。读六年级的儿童将进入少年阶段。他们随着自我意识的发展，独立性的增强，进入第二次"诞生期"，在心理上出现了"断乳"现象，表现为由对父母的依恋转向与父母疏远，由顺从转向倔强。不少父母在心理上缺乏准备，不了解相关知识，他们把子女远离父母并要求成为一个完全独立的自我，误认为不仁、不义、不孝，因此感到伤心，继而责怪孩子。这样就会造成子女的逆向情绪，从而扩大了亲子矛盾。

案例中的李洋正处于六年级亲子关系疏远的阶段，本来父母平时就很少与他相处，再加上十一二岁年龄的心理特点，使他们原本就不亲近的亲子关系变得更加疏远。

教子有方 >>>

小学生与父母关系冷漠的原因主要是小学生自主性的增强以及亲子之间交流的缺乏。因此，留守小学生的父母要建立良好的亲子关系，可以从以下几个方面入手。

（1）尊重孩子的自主性。良好的亲子关系建立在尊重的基础上，小学生日益增长的自主意识是其成长的需要和特点。因此，父母不能再像管幼儿一样地教育管理他们。对于留守小学生的父母来说，更是需要注意尊重孩子的自主性。试想一个很少在一起的人，又什么都要干涉，还是很粗暴的干涉，孩子肯定是不愿意接受的，即便这个人是他的父母。尊重要做到：第一，什么事情都不要急着下结论，先了解再评价；第二，多给建议，少一些强制，给孩子自主的空间和权利，除了大是大非的问题或涉及安全的问题，允许孩子自己思考怎样做决定，父母承担建议者的角色。

（2）不溺爱孩子。有些留守儿童的父母为了弥补不能陪在孩子身边的遗憾,对孩子十分溺爱。表面上看,溺爱是家长对孩子的充分关怀和爱惜,但其实质是对孩子行为能力、独立权和承受能力的不信任和不认可。父母要将爱和溺爱区分开,需要给孩子设立边界,在边界范围之内孩子可以有充分的自主性;一旦超过边界,就应该按照规则来,绝不迁就。

（3）加强与孩子的沟通,注重沟通方式。沟通的重要性谁都知道,但是要注意沟通的方式。"必须做……要不就揍你",类似的简单沟通是无效的,孩子还很反感。留守小学生的父母在和孩子进行交流的时候,要注意孩子的反应和态度。电话交流中多问孩子是怎么想,怎么看的,通过多让孩子说可以搜集到很多资料,也能了解孩子的态度。如果面对面交流,"察言观色"是必要的,可以先尽量顺着孩子的意愿去接近孩子,不要一开始就想着改变孩子已经养成的习惯或者是举动,以免让孩子对你产生厌倦、反感的心理。

（4）尽量承担起教子之责。即使在外地务工,也要把教育孩子的那份责任承担起来。首先,留守儿童的父母应加强与监护人的联系及亲子间的沟通,应及时掌握孩子的学业、品行及身体健康状况,并通过各种方式对孩子的学习和生活进行指导,要求监护人一定要保证孩子有充分的学习时间,一定要嘱咐其对孩子严格要求,加强生活和学业方面的监护;其次,主动与子女的任课老师交流,向老师说明自己的情况,了解子女的发展变化,共同商讨教育孩子的策略和方法。

小·贴士

沟通不在于时间的长短,主要在于沟通的质量,假如你每时每刻都和孩子进行沟通,每次说的话都大同小异,这样不仅让孩子听得不耐烦,更会拉远亲子之间的距离。因此,只有让孩子感受到你们的沟通是平等的,并且注重沟通的方式和质量,才会让孩子对你敞开心扉。

第二章 家中留守小学生

二、让孩子进入学校

《中华人民共和国义务教育法》对未成年人的受教育权问题做了明确规定:"凡具有中华人民共和国国籍的适龄儿童、少年,不分性别、民族、种族、家庭财产状况、宗教信仰等,依法享有平等接受义务教育的权利,并履行接受义务教育的义务""各级人民政府及其有关部门应当履行本法规定的各项职责,保障适龄儿童、少年接受义务教育的权利""适龄儿童、少年的父母或者其他法定监护人应当依法保证其按时入学接受并完成义务教育。"

我国留守儿童的受教育程度很低,辍学率较高。很多留守儿童家庭,由于家庭教育的缺失,也直接影响到留守儿童在接受学校正规教育和社会教育方面情况的不理想,甚至有的留守儿童的父母不让孩子读书。

留守儿童的父母应该了解,受教育是孩子的基本权利,通过学校系统科学的教育,可以促进孩子思维、个性、社会化多方面的发展。如果孩子不读书或者过早辍学,在还没有掌握过硬的科学文化本领之前就流入社会,必然要重复其父辈背井离乡外出打工的命运。

1.要不要让孩子读书?

 留守小学生的故事

小仙已经 7 岁了,按道理她应该上小学一年级,但是,她的父母长期在外打工,老家离县城很远,父母不放心让她自己一个人走几

千米去上学,所以,推迟了她上学的年纪,想把她接到自己身边上学。因此,这个暑假的时候,父母把她接到自己的身边团聚,本来应该是一件很让人感到开心的事情,但是小仙却显得郁郁寡欢。因为小仙想留在父母身边上学,但是如果父母不能争取到公立学校的名额,以他们现在的经济情况,也不能支持小仙在身边读书。小仙的爸爸说:"就算是我砸锅卖铁,让我丢下老脸去找人借钱,也要让孩子在我身边读书,我不能再把孩子放在老家不管了,就算再苦再累也不能和孩子分开。"

 ## 教育有道

小学适龄留守儿童没有进入学校读书或中途辍学的原因主要有这样几种。

(1)留守小学生的父母认为读书没有用,所以孩子是否读书不是他们关心的重点,有些粗心的父母甚至连孩子已经到了入学的年龄都没有意识到。父母不重视,孩子自然也就没有上学或者早早辍学。

(2)家里贫困,没有钱让孩子读书。有许多留守小学生的家庭确实很贫困,父母在外打工挣的钱还不够支持家里的日常开销,不愿意再拿出钱让孩子读书。虽然国家、学校和社会都已经从各种渠道解决孩子的读书费用问题,但有些留守小学生的父母,特别是那些认为读书没有用的父母,仍然觉得拿不出钱来让孩子读书。甚至有父母让孩子不读书,小小年纪也出去打工,以减轻家庭经济负担。

(3)面临很无奈的现实。有的留守儿童父母是希望把孩子接到自己的身边读书,但是城里的条件太好,父母支付不起费用,所以,也不得不让孩子暂时放弃上学,延缓了孩子上学的年纪。虽然孩子无法在父母打工的地方入学已经得到了关注,但是目前国家还没有有效的措施解决这个问题,这成为很多留守儿童父母面临的无奈的现实。

教子有方 >>>

因为留守小孩读书的问题不仅涉及家庭因素,还有学校、社会、经济的原因,后者不是家庭教育讨论的重点。我们主要从父母的角度来谈让孩子进入学校读书的问题。

(1)父母要端正自己的观念。孩子读书与否在很大程度上取决于父母的观念,如果父母深刻地意识到读书的重要性,那么,他们就会想方设法让孩子读书;如果父母觉得读书无用,更看重"现实"的因素,那么孩子读书的机会就不大。相信每一个父母都希望孩子能有很好的未来和前途,任何一个爱孩子的父母,都不应该让孩子失去发展自己的权利和机会。所以一定要让自己的孩子进入学校,不管有多大的困难。如果家里的老人对此不支持,还需要做好他们的思想工作,因为后期孩子的学习和教育还需要他们的支持和配合。

(2)经济确实很困难的家庭,父母可以寻求学校的帮助或社会的资助。国家提出"不让一个孩子因为经济问题辍学",所以国家和地方政府都出台了许多帮助贫困学生完成学业的政策,必要的情况下,留守儿童的父母可以向学校或当地政府了解相关政策,如果符合相关政策要求,就可以提出申请,解决孩子读书的经济问题。社会也有很多资助贫困学生的团体或个人,必要的情况下可以寻求他们的资助,这些信息常常可以在当地教育部门获取。

(3)可以利用身边的资源教育孩子。如果父母要把孩子接到身边来上学,孩子不免会因为学习基础差而跟不上其他同学的步伐。父母可以带孩子多去城里边的书店,让孩子多看书,增加知识。或者是父母抽空余时间自己学一些知识,以便给孩子一定的学业指导。

以下是国家关于义务教育的政策，留守小学生的父母可以了解，并利用政策，让孩子能顺利入学。

《关于进一步做好进城务工就业农民子女义务教育工作的意见》明确提出：要充分发挥全日制公办中小学的接收主渠道作用。全日制公办中小学要充分挖掘潜力，尽可能多地接收进城务工就业农民子女就学。在评优奖励、入队入团、课外活动等方面，学校要做到对进城务工就业农民子女与城市学生一视同仁。流入地政府财政部门要对接收进城务工就业农民子女较多的学校给予补助。城市教育费附加中要安排一部分经费，用于进城务工就业农民子女义务教育工作。积极鼓励机关团体、企事业单位和公民个人捐款、捐物，资助家庭困难的进城务工就业农民子女就学。要根据学生家长务工就业不稳定、住所不固定的特点，制订分期收取费用的办法。通过设立助学金、减免费用、免费提供教科书等方式，帮助家庭经济困难的进城务工就业农民子女就学。

2. 孩子爱逃学，怎么办？

留守小学生的故事

凯凯是某小学一年级的一名学生，老师发现凯凯连续两天没有来学校。第三天，凯凯来到学校，老师问他前两天为什么没有来上课，小凯说他爸爸带他去镇上买东西了，老师就要求凯凯以后不上课要请假，小凯也答应了。可是第四天的时候小凯还是没有来，于是老师联系了小凯的家长，才知道小凯的父亲是打井队的，经常在外工作,母亲去外地打工,也不在家,孩子是跟爷爷奶奶住的。

通过与小凯奶奶电话交谈老师才知道,小凯父母很忙且常常不在家,对孩子关心很少,他们老两口的年纪也大了,小凯对他们的话都是爱听不听的,所以,慢慢地小凯便开始逃课,不认真学习,他父母不回来,就没有人可以管教他。

 教育有道

孩子之所以逃学,很大的原因是因为他对于学习的兴趣减弱,不愿意学习,产生一种学习冷漠的现象。造成孩子学习冷漠的原因多种多样,主要有以下方面的原因。

(1)有的孩子,在刚入学时对学习有着很浓厚的兴趣,但是由于自己在学习中经常遇到困难,总是遭受到挫折和失败,这使孩子渐渐地对学习失去了兴趣。

(2)也有的孩子,本身缺乏正确的学习态度,把学习当成一件苦差事,当作沉重的负担,便渐渐对学习冷漠起来。当然,如果家长们教育不得法,也会使孩子对学习产生厌烦情绪。一些家长根本不了解孩子的学习能力和他们的心态,只是一味地给孩子增加学习压力,用严厉的态度来对待孩子,使孩子产生了反抗心理,家长越让他好好学他就越不好好学,甚至故意不认真听讲,以此来发泄自己心中的不满。

(3)还有的情况是因为家长长期不在家,抚养孩子的家人又年迈多病,孩子没有人管教,逃学的情况就很容易发生。

(4)孩子渴望得到父母的关心,所以,他们甚至用逃课的方式来引起父母的注意。

留守小学生没有父母与他们一起解决学业当中的困难,没有父母对他们的学业严格管教,又缺乏关爱,更容易逃学。

教子有方 >>>

（1）做好逃课的预防工作。孩子逃课的现象是可以预防的。留守小学生的父母应告诉孩子的抚养者和老师，请他们关注孩子的学习情况，如果发现孩子出现学习兴趣下降，成绩下滑，举止不同于平常的情况时，请及时告诉他们，他们会和自己的孩子沟通。同时拜托孩子的抚养者和老师一旦发现逃课情况要及时处理，以免养成长期的逃课习惯。

（2）对症下药。对于多次逃课的学生，家长和老师不能简单地给予严厉的责备和惩罚，而是要先弄清孩子逃课的原因，只有弄清原因后，才能对症下药。针对症结的所在，制订相应的方案和措施，家长、孩子的抚养者、教师一起配合对孩子开展教育。

（3）采用神奇的代币法。代币是一种符号，父母可以用小红花、五角星等作为代币，也可以是记分卡、点数等。代币法是运用代币激励孩子形成良好行为的方法。比如，要让孩子不逃课，首先和孩子沟通他们需要做到不逃课，如果做到了不逃课，就可以用代币鼓励孩子。可以给孩子做一个"时间表格"，贴在墙上，每当孩子在一定的时间都积极去上课，就让孩子画一颗星，同时注明得星的原因。凑够十颗星，就发一件奖品。同时，只有奖励，没有惩罚。即使做得不好也不罚星。这个方法在培养孩子形成良好的行为习惯时非常有效，留守小学生的家长可以尝试着使用。

小·贴士

有一种特殊的逃学情况叫"学校恐惧症"。学校恐惧症是一种较为严重的儿童心理疾病，多见于7～12岁的小学生。由于存在各种不良心理因素使学生害怕上学，害怕学习，具有恐惧心理，所以又称"恐学症"。

第二章 家中当有小学生

"恐学症"是一种心理障碍,主要特点是对学校产生恐惧。它不是一个专用的医学术语,只是由于近几年此类学生较多,才形成这样一个术语。它的主要症状是情绪低落、心烦意乱、无缘无故发脾气、浑身疲劳、注意力不集中、记忆力减退、失眠等,有的还伴随头痛、胃痛等身体不适症状。主要的诱因是"上学"这个特殊的事件,导致学生对学校生活的适应产生焦虑和恐惧,学习适应不良,人际交往困难等。升学压力、人际交往不适应等是导致"学校恐惧症"的重要原因。特别是心理素质和适应能力较差的学生、在学校经常受到老师批评的学生、学习成绩不好的学生、对新环境不能很快适应的学生、部分过于追求完美的优秀生等五类学生是"学校恐惧症"的易发群体。

对于留守儿童而言,他们在人际和学习两个方面的表现通常都是不突出的,因此,很容易对学校产生一种厌烦的情绪,会想方设法逃学。父母要特别地注意孩子是否患了"学校恐惧症",一旦发现,就要及时地解决。

3.孩子成绩差,怎么办?

 留守小学生的故事

耿乐,小学三年级学生,在他小的时候父母就外出打工,他一直由爷爷奶奶抚养。爷爷奶奶由于年纪过大,对于耿乐的管教力不从心。小乐的成绩一直不好,虽然他自己一直学习很认真,但是在家里的时候,遇到不懂的问题没有人给他讲解,所以成绩一直提不上去。爷爷奶奶没有多少文化知识,所以在学习方面帮助不了他。小乐的妈妈讲,爷爷奶奶除了给钱,什么也帮不了他,学习方面几乎是空白,小乐习惯了自己的差劲,所以,他对学习越来越没有信心,对什么都开始选择漠视。

教育有道

　　智商正常、学习成绩差的学生,在学校中占有相当大的比例。比较常见的有三种情况。

　　(1)学生自己信心不足,适应能力较差。很多学生不适应紧张的学习生活,缺乏信心,没进入最佳学习状态,对考试极度反感,尤其是对考完就排名次的做法非常反感。敷衍搪塞、得过且过混日子是他们的主要表现。学习压力使他们很不自在,产生莫名其妙的烦恼。作为家长和学生应该考虑的是,如何以健康的心态应对目前的状态,学会适应学习生活。

　　(2)学生缺乏正确的学习方法。没有掌握正确的学习方法,学生常常花了很多的时间却不能取得好成绩。而很多的老师习惯于把问题的答案直接告诉学生,不注意给孩子展示解决问题的过程,不注意传授给学生正确的学习方法,导致学生无法有效地提高自己的成绩。

　　(3)学生学习习惯不好。喜欢玩了再学习,没有固定的学习时间,学习上拖延等,都是一些不好的学习习惯。即便是聪明的孩子,如果没有良好的学习习惯,也无法取得很好的成绩。"学优生"和"学差生"的区别往往就在于是否有良好的学习习惯。

教子有方 >>>

　　1.注重孩子的学习过程,正视孩子的考试成绩。在评价孩子的学习成绩时,不要只看分数,"唯分数是问",90分与100分的孩子的数学能力究竟相差多少? 孩子有失误,是纯粹因为粗心,还是思考问题的方式有问题? 是临考心理欠佳,还是其他的原因? 要"纵向比较",关键看孩子有没有进步。留守儿童的父母不在身边,更需要了解孩子成绩背后的过程和原因,切忌粗暴地用分数来评价孩子的学习情况,不分青红皂白就指责、打骂孩子。要经常和孩子沟通与学习相关的事情,关注孩子学业上碰到的问题,父母如果有好的学习方法可以给孩子以指导,如果没有至少可以给孩子提供老师、参考教材等资源。虽然不在孩子身边,通过电话是完全可以了解掌握孩子的学习情况的。

2.关注孩子的进步,多夸夸孩子,让孩子享受成功的喜悦。父母和老师都是小学生特别在意的人,他们愿意听父母和老师的话,也很希望得到父母和老师的重视。留守小学生的父母可以通过老师和家人了解孩子的日常情况,及时肯定孩子的表现和进步,让孩子知道父母不仅了解他们的情况,还表扬他。这样的方法比训斥更能激励孩子。

3.重视孩子学习习惯的培养。好的习惯可以让孩子终身受用,好习惯一旦养成,长大后便会一直坚持下去。作为父母要帮助孩子养成好的学习习惯。留守小学生的父母在家的时候,可以和孩子一起制订学习规范,比如早睡早起(晚8点,早6点)。

4. 做好孩子学习心理的调适。在相当长的一段时间,父母和老师对学习成绩差的学生存在的心理问题没有引起足够的重视,只是简单地做思想教育工作,结果往往收效甚微,甚至适得其反。小学生的学习适应、学习压力都需要心理的疏导,此时,留守小学生的家长还需要充当心理疏导者的角色,和孩子交流学习适应问题,一起分析原因,强调学习过程的重要性,交流简单的调整情绪压力的方法,比如深呼吸。感受孩子的压力,和孩子交流压力的调适方法,是父母正确处理孩子学习成绩差的途径之一。

小贴士

下面是一个小学生学习习惯检查表,可以帮助留守小学生及其父母了解孩子的学习习惯好不好，哪些方面需要改进。

检查表共计50道题，有的题号前有"＊"标记，有些题则没有。凡题号前有"＊"标记的题打"√"号的，得2分，打"×"的给0分。题号前没有"＊"标记的题，恰好相反，打"√"号的给0分，打"×"的给2分。最后把所有的分加起来，得出总分。

86～100分为优，说明学习习惯非常好。

71～85分为良，说明学习习惯比较好。

46～70分为中，说明学习习惯一般，需要改进。

31～45分为较差，说明学习习惯需要努力改进。

0～30分为很差，说明学习习惯需要大力改进。

小学生学习习惯检查表

＊1.上课时，必要的学习用品都带齐了。	2.经常迟到。
＊3.总是在前一天备齐学习用品。	＊4.在课堂上能积极提问或回答问题。
5.上课时，在笔记本上乱写乱画。	＊6.能爱护教科书和参考书。
＊7.考试答卷写得很认真。	＊8.总是在规定的时间和地方学习。
9.学习时有小朋友来找我就跟他去玩。	＊10.在书桌前坐下就开始学习。
＊11.出声地读课文。	＊12.放学回家后马上写作业。
＊13.学校学过的功课回家后认真复习。	＊14.发回的试卷每次都给家长看。
＊15.预习明天的课程。	＊16.每天按规定好的时间学习。
＊17.对自己不明白的问题有查字典或参考书的习惯。	＊18.对自己学得不太好或不喜欢的功课也能努力学。
19.因贪玩占用了学习时间。	20.有一边学习，一边看电视或听收音机的习惯。
＊21.玩和学习的时间划分得很清楚。	22.起床和睡觉的时间每天都不同。
23.一边学习，一边吃东西。	24.有时会讲"我做了可怕的梦"这样的话。
＊25.喜欢开玩笑引人发笑。	26.受到批评后总是闷闷不乐。
27.说过"学习无用"一类的话。	28.学到的知识和经验经常忘记。

第二章 家中若有小学生

55

续表

29.考试分数不好,总放在心上。	*30.班主任在与不在教室时,表现一样。
*31.愿意和老师一起玩。	32.在背后说老师的坏话。
*33.受到哪位老师表扬,感到学习有乐趣,就喜欢听他的课。	34.受到哪位老师批评,讨厌读书,就不愿听他的课。
*35.喜欢参加运动会、汇报演出会、文化娱乐活动等文体活动。	36.常常受到老师的警告。
*37.常常受到老师的表扬。	*38.每周制订自己的生活计划。
*39.每学期开始,能明确提出新的努力目标。	*40.能合理安排寒暑假生活,并认真执行计划。
*41.对自己擅长的功课能更加努力去学。	*42.在学习上能与同学互教互学。
*43.在学习上表现出竞争意识。	44.在背地里讲同学的坏话。
*45.能充分利用图书馆或阅览室。	46.不愿在家里学习,常到同学家去学习。
*47.除了做功课以外,还喜欢做其他事情。	48.时常感到睡眠不足。
49.允许别的孩子随便动用自己的学习用具。	*50.欢迎家长积极参与学校举行的各种参观、教学及文娱活动。

4.孩子是"双差生",怎么办?

 留守小学生的故事

小宏是某小学五年级的学生,由于父母长年在外打工,小宏一直是跟着舅舅一起生活。舅舅工作也很忙,常常也不在家,所以,小宏一直是由舅妈在照顾。舅妈自己有两个孩子,加上小宏就是三个孩子,常常管不过来,就导致很长一段时间都没有人关心过小宏的想法。渐渐地,小宏变得越来越不好管,开始和同学打架,去网吧上网,逃课出去玩,欺负低年级的同学,而且学习也不努力,作业从来都是抄别人的,慢慢地,小宏成了同学们眼中的"小霸王",大家都害怕他,不敢跟他说话,怕他一生气就打人。小宏成为一个名符其实的"双差生",让家人操碎了心。

 ## 教育有道

"双差生"是指在一定时间内,品德、学习等方面相对落后的学生,主要表现为缺乏理想、道德观念模糊、知识贫乏、行为粗野、自制力差、不团结同学、集体荣誉感不强,有的甚至对老师产生抵触和对抗情绪等。每个孩子出生时就像一块白板,没有哪个孩子天生就差,父母、家庭、社会是孩子成为"双差生"的主要原因。

(1)研究发现,"双差生"与父母和家庭环境有很大的关系。"双差生"很多来自留守或者离异家庭,由于父母亲不在身边,他们在学习、生活上自我束缚的力度不够。更糟糕的是,如果父母或抚养孩子的人本身就是缺乏理想、道德观念模糊、知识贫乏、行为粗野、自制力差的人,孩子在家庭环境中耳濡目染,学习模仿,就会慢慢成为一名"双差生"。

(2)"双差生"缺乏成功的体验或别人的肯定。在他们的生活中,听得最多的就是别人对他们的否定,体会不到成功,看不到希望,自然没有努力上进的动机和行为。

(3)受不良社会风气的影响,模仿电视电影等中的不良行为,久而久之,散漫心理逐渐形成,恶习如进网吧、打电游、打桌球等接踵而至,有的因缺钱花甚至偷盗、敲诈,搞得校园鸡犬不宁。

对于留守小学生的父母来说,如果老师告诉你你的孩子是一个"双差生",你不仅要考虑孩子的原因,也要考虑自己的原因,看看造

第二章 家中留有小学生

成孩子现在这种情况的具体原因是什么,根据不同的原因采取不同的应对措施。

教子有方 >>>

（1）利用适合的鼓励方式,多做正面肯定,培养自信。"双差生"确实很让人生气,但作为父母要很清楚地意识到,生气只能让情况变得越来越糟糕,而鼓励却是重拾孩子和父母信心的好方式。一方面,留守小学生的父母自身要加强学习,多阅读对父母施教、对孩子励志的书籍,提醒自己保持清醒的头脑及平和的心态,"罗马不是一天建成的"。另一方面,父母应和孩子的抚养者商量,根据孩子的自身特点和情况,有针对性地制订一些措施,让他既能从自己的点滴进步中感受到来自父母的肯定,也能通过自己的努力去得到自己想得到的东西,比如,看电视、玩、看渴望已久的电影等。有家长是这样做的:家里制作了独有的奖票,孩子可以根据自己的任务完成状况、取得的考试成绩,甚至老师的一次表扬,对家长提出施奖的要求,家长就会根据孩子的情况给予肯定和评价,让孩子明白父母的看法。

（2）指导孩子正确归因。美国心理学家伯纳德·韦纳认为,当遭受失败的时候,人们对行为成败原因的分析可归纳为以下六点。

能力:自己评估自己是否胜任该项工作。

努力:个人反省、检讨在工作过程中有没有尽力而为。

任务难度:凭个人经验判定该项任务的困难程度。

运气:个人自认为此次的各种成败是否与运气有关。

身心状态:工作过程中个人当时的身体及心情状况是否影响工作成效。

其他因素:个人自觉此次成败因素中,除上述五项外,尚有何其他事关人与事的影响因素（如别人帮助或评分不公等）。

由于能力是较难改的，如果孩子将自己的失败归因为自己的能力不如别人，就将极大地打击孩子的自信心，没有勇气再去做改变；如果孩子归因为运气不好，或是别人的原因（比如试题太难、老师教得不好、父母不管我、身体不好等），就很容易为失败找到借口，不思进取。只有归因为努力程度不够，才能最大限度地激发孩子的学习动机，激励学生积极改变。留守小学生的父母要指导孩子从努力程度上去寻找失败的原因。

（3）对待他们要尊重、宽容。对待"双差生"，父母和老师要对他们体现出足够的尊重、信任和宽容，不要因为他们犯了一点错就责骂他们，毕竟这个改变的过程是很漫长的，不可能一蹴而就。因此对待他们要更宽容一点，允许他们犯错，允许他们用较长的时间来改变。

小·贴士

发现"双差生"的优点。"双差生"也有一些与众不同的优点。

（1）不一样的能力，不一样的人才。根据现代智力理论，人的智力是多元的，人至少有七种不同的智力：语言符号智力、数理逻辑智力、视觉空间智力、身体运动智力、音乐节奏智力、人际关系智力、自我认识智力。许多被老师认为是"双差生"的学生，却在运动等其他方面有较强的能力。如果父母和老师善加引导，为他们提供展示自己特长的机会和平台，他们就能取得成功。

（2）敢说敢做。老师们所认为的"双差生"老是做坏事的缺点，从某方面来说也反映了他们敢说敢做的特点。当父母和老师鼓励他们承担一些工作任务，或协助父母和老师完成一些事情时，他们往往能有不一样的表现。

三、关注孩子的行为习惯

著名教育家叶圣陶曾说:"教育往简单的方面说就是要养成良好的习惯,良好的习惯是指符合道德要求的行为习惯。"小学生由于年龄小,约束自己行为的能力差,因而常出现一些不符合道德要求的过错行为。

小学生能否养成良好的习惯,是其家庭教育与学校教育成功与否的重要尺度,是塑造心灵意识框架的基础,对孩子未来的工作与生活有重要的意义。著名心理学家威廉·詹姆斯有段名言:"播下一个行动,收获一种习惯。播下一种习惯,收获一种命运。"由此可见,习惯是如此的重要。

1.孩子爱撒谎,怎么办?

留守小学生的故事

朱朱是一名小学六年级的学生。一天,有学生向老师反映,朱朱昨天放学后跟一帮社会上的小青年一起去玩,还去网吧打游戏机了,晚上八点才回到家。第二天老师把朱朱找进办公室,尽量用平和的语气同他说话。当问他昨天放学后在哪儿、干什么的时候,他毫不犹豫地回答:"昨天放学后在家做作业,做好后在家看电视,没出门玩。"没想到,过了一会儿,朱朱的奶奶来学校找老师,告知了真相,朱朱昨天确实很晚才回到家,跟那帮人一起玩游戏机。他奶奶就是想让老师帮助她孙子"改邪归正"。老师再次找来朱朱,朱朱见到他奶奶后,只轻描淡写地说了一句"是的,我去玩游戏机了",便一声不吭,任凭老师和他的奶奶说得口干舌燥,也无动于衷。

教育有道

许多小学生或初中生在学校和家里经常随便编造谎言以蒙混过关,或夸大其词,这种不好的行为习惯让父母头疼不已,甚至觉得这是孩子道德方面出了问题。在实际生活中,小学生说谎主要有以下几个原因。

(1)逃避惩罚。多数情况下,孩子说谎是为了逃避惩罚,比如考试成绩不理想、淘气惹祸了怕父母责罚。如果为了逃避惩罚而撒谎,却没被父母发现,就等于强化了这一行为,久而久之,孩子就会形成爱撒谎的习惯。

(2)模仿大人。小学阶段的孩子缺乏正确客观的道德观,他们常常认为父母、老师等大人的观点或行为就是正确的。因此,如果孩子看到父母、周围的大人撒谎,或者电视上有大人撒谎的场景,他们会认同撒谎这种行为,并进行模仿。

(3)获得成就感,满足心理需要。有的孩子想象力丰富,描述事情时,常常掺杂着自己想象的场景、人物,说得绘声绘色,借此炫耀自己。特别是在物质和精神方面都比较匮乏的孩子,想象成为他们弥补匮乏的途径之一,他们通过将想象的事物说成真实的,从而获得满足。

(4)表示对抗。还有的孩子说谎与父母干涉过多有关,比如孩子做作业时,一会儿叫他喝水,一会儿叫他吃点心,孩子很不耐烦,随口说"不渴""不饿",以表示对抗。

(5)由于对他人的不信任而有意编造谎言。因为不信任父母或老师,不愿意将自己的真实想法或事情告诉他们。如果父母或老师一再追问,孩子就说谎来应付。

父母在对小学生的撒谎行为进行教育时,还需要区分孩子是属于被动性撒谎还是行为性撒谎。这两种都表现为撒谎的行为,但行

第二章 家中当有小学生

为背后的动机却不一样,需要区别对待。被动性撒谎是孩子想要做好某件事情,以获得他人的赞赏。当他们做错事情后,会因为担心受罚而说谎。他们不会隐瞒自己的意图,不会掩饰自己的情绪。但当他发现自己的诚实引起了妈妈的不满甚至是责罚时,为了逃避,孩子就会尝试说谎;行为性撒谎如有些被父母娇生惯养的宝宝,习惯于一切玩具、食品都归自己所有,他们不管是不是自己的东西,只要自己喜欢,都有可能悄悄地把它拿回家,为了怕父母发现而失去这些东西,孩子也可能编一些想象的小谎言来让自己的行为变得更加"合理"。

教子有方 >>>

(1)抓好第一次教育机会。当孩子第一次说谎时,家长应将其当作一件大事来抓,绝不能掉以轻心,不妨来点"小题大做",把文章做足。一般孩子在第一次说谎时会感到不安,即使蒙混过关了也会十分担心,但是如果第一次说谎没有得到及时的纠正,孩子便可以体会到说谎所带来的"好处",他也就会由此产生再次尝试说谎的欲望,孩子会觉得家长是"好骗的",他的胆子会越来越大,谎话会越说越多,越编越像,最终就撒谎成性了。所以,留守小学生的父母要让孩子的抚养者关注孩子的撒谎行为,第一次发现后就马上告诉父母,一起处理好孩子的第一次撒谎。首先要弄清孩子说谎的缘由和动因,然后即"动之以情,晓之以理",分析说谎的危害,指出问题的严重性,并明确表态:"下次不能再说谎。"第一次的处理要让孩子留下深刻的印象:说谎是不诚实的表现,是不对的,下次不能再说。只要抓好了第一次,就能刹住车。

(2)重视屡犯的孩子,分析其多次说谎的原因。对那些屡次说谎的孩子,留守小学生的父母必须引起高度重视,因为这是关系到孩子道德品质的大事,弄不好会成为孩子走上违法犯罪道路的开始。父母和孩子的抚养者要仔细沟通,一起分析其孩子说谎的原因,摸准其说谎的规律,要多花点工夫,不要轻信孩子的话,稍有怀疑,必须马上核实孩子的话,如是谎言,应及时揭穿。要让孩子知道谎话骗不了大人,而只好实话实说。否则孩子就会觉得大人是"好骗的""可欺的",继而胆子越来越大,谎话越说越多。

(3)大人自己不说谎。有的孩子说谎,原因往往是家长自己说谎"教"出来的。所以家长绝不能在孩子面前说谎,或说话不算数,欺骗孩子。我国古代"曾参杀猪"的美谈可成为广大家长学习的楷模,使孩子从小知道,说话要算数,不能骗别人。

(4)少些呵斥,多些宽容。父母的专制、严厉往往是孩子谎言的温床。因此,家长一定要民主、和善地对待孩子,让孩子敢于说实话。有时即使孩子做了错事,只要孩子认错了,就不应再痛骂、毒打。因为孩子犯点错误是在所难免的。这样,就可消除孩子说谎的外在因素。

(5)多聆听,常与孩子沟通。当孩子预期事情会有负面后果而说谎时,父母应了解孩子的需要,订立更实际的规则;假如是孩子可以做得到且愿意做的,他自然不用说谎了。还有些孩子会因为跟父母的接触机会少,所以用说谎的方法去争取父母的关注。换句话说,父母平日应多了解孩子的想法,让孩子感受到父母对他的关爱与注意。另外,家长不要盲目地拿自己孩子与别人的孩子进行比较,对孩子提出过高的要求。

小·贴士

注意不要随意给撒谎的孩子"贴标签"。小学生的说谎,尤其是第一次说谎往往都是有原因的,家长不要轻易将孩子的说谎行为与其心性品质画等号,不能因为孩子的某一次谎言就给孩子定性,给孩子贴上"小骗子""谎话专家"等标签。这样做不但对孩子改掉说

第二章 家中有小学生

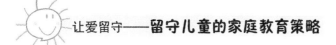
谎的毛病没有任何帮助,反而对孩子的说谎行为起到了强化的坏作用。让孩子认识到"诚实是美德,是高尚的品质,同时诚实也会减轻对过失的惩罚力度",才是正确之举。

2.孩子不合群,怎么办?

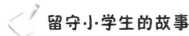
留守小学生的故事

小林今年7岁,是小学四年级的一名学生。由于父母外出打工,在家由外婆代为照顾。在学校的时候,他喜欢看书、绘画,喜欢一个人独自、安静地活动,极少和周围的小伙伴一起合作、玩游戏。他对集体的事情漠不关心,不爱劳动,而且对其他同学的行为还常嘲讽;学习时有偷懒的行为,自己上课不专心听讲,做题时常照抄别人的答案,在活动中我行我素,对老师的批评不屑一顾,非常固执,大家都说他"不合群",让老师很是头疼。

教育有道

同伴交往是小学阶段重要的发展任务。良好的同伴交往有助于幼儿学习社交技能和策略,促进其社会行为向友好、积极的方向发展;有助于培养小学生的积极情感;有助于促进小学生认知能力的提高和性格的发展。

研究发现,同伴交往中有四种类型的孩子:受欢迎型,约占13.33%,这样的孩子喜欢与人交往,行为方式友好,受欢迎;被拒绝型,约占14.31%,这样的孩子不喜欢交往,行为方式不友好,不受欢迎;被忽视型,约占19.41%,这样的孩子也不喜欢交往,被忽视和冷落;一般型,约占52.94%,这样的孩子行为表现一般,既不是特别主动、友好,为同伴特别地喜爱、接纳,也不是特别不主动或不友好,被同伴特别地忽视、拒绝。可以看到,被拒绝型和被忽视型的孩子都常被认为是不合群的。

小学生不合群有遗传、缺乏人际交往方法、缺乏爱等多种因素。其一,遗传方面的因素主要是孩子的气质类型。有的孩子属于胆汁质型或者抑郁质型,前者脾气显得比较暴躁容易发火,后者显得多愁善感比较敏感。胆汁质型和抑郁质型的孩子较之于别的孩子更容易出现不合群的情况。其二,如果孩子与人交往不多,缺乏人际交往的方法和经验,往往也会导致不合群的情况。其三,如果孩子的基本需要,如吃饱、穿暖、被人爱等都没有得到满足,孩子就难以有强烈的动机与人交往,表现为不合群。

对于留守小学生的父母来说,如果你的孩子被认为是不合群的,你需要去了解孩子的个性是什么样的,孩子是否在人际交往上需要指导和帮助,父母及孩子的抚养者是否很好地照顾了孩子,多方面找原因,有针对性地教育孩子。

教子有方 >>>

(1)关注孩子的性格特点。留守小学生的父母可了解一些性格特点方面的知识,结合自己平时对孩子的了解,掌握自己孩子的性格特点。对于天生脾气暴躁的孩子或天生敏感不善交际的孩子,难以强迫他们去改变自己,针对他们的性格特点引导他们形成自己的人际圈子或人际交往的方式,是更有价值的。不能用同一把尺子来要求不同的孩子。

(2)增加孩子与人交流的机会。孩子不合群,主要表现在不愿意与人进行交流,更多的是愿意自己一个人独处。所以,家长和老师要增加孩子与人交流的机会,就需要鼓励孩子参加各种集体活动,特别是父母要让孩子从小就有与人交往的机会,在交往中取得

第二章 家中尚有小学生

65

情感的认同。在放寒暑假的时候,家长可以把孩子接到自己的身边,让他看看外面的世界,增长见识,多与外面的人进行交流和沟通,开放自我。总之,对孩子的人际交往困难,父母要给予积极的指导。

小·贴士

气质是先天遗传的人格特征。下面是著名的"四种气质类型说",据此可以了解你的孩子属于什么类型,有什么特点。

多血质型:多血质型的人,一方面有朝气,热情、活泼、爱交际,有同情心,思想灵活;另一方面,也容易出现变化无常、粗枝大叶、浮躁、缺乏一贯性等特点。这种人活泼、好动,敏感、反应迅速,喜欢与人交往,注意力容易转移,兴趣和情感易变换等。

黏液质型:黏液质型的人平静,善于克制忍让,生活有规律,不为无关事情分心,埋头苦干,有耐久力,态度持重,不卑不亢,不爱空谈,严肃认真;但不够灵活,注意力不易转移,因循守旧,对事业缺乏热情。

胆汁质型:胆汁质型的人热情,直爽,精力旺盛,脾气急躁,心境变化剧烈,易动感情,具有外倾性。反应迅速,情绪有时激烈、冲动,很外向。

抑郁质型:抑郁质型的人一般表现为行为孤僻、不太合群、观察细致、非常敏感、表情腼腆、多愁善感、行动迟缓、优柔寡断,具有明显的内倾性。

3.孩子很另类,怎么办?

 留守小学生的故事

吴博常(化名)今年8岁了,但是刚上一年级。他经常不遵守校规校纪;作业潦草,应付了事,上课注意力不集中;学习不刻苦,缺乏毅力,没有钻研精神;与人相处办事,不计后果,自制力较差,责任感淡薄;常去网吧上网,屡教不改;爱说脏话,爱说谎,爱打架,教唆同学跟他做坏事,勒令同学给钱;在家里不听代养人的教导,我行我素。主要原因是由于父母长年在外打工,只有奶奶抚养他,奶奶已经年老,管不了他,所以导致吴博常变成一个不折不扣的"问题儿童",让他的奶奶伤透了脑筋。

 教育有道

孩子之所以和别人的行为不一样,显得很另类,究其原因可以分为以下两个方面。

(1)家庭环境的影响。一是父母的教育与监督缺失。父母由于与子女远距离分隔,直接影响到对子女的教育效果。虽然父母没有不与家里联系,但是,父母对孩子的教育还是有限的,父母与孩子相处很少,孩子与父母之间的心理距离远远超出了时间和空间的距离,父母的"不闻不问",亲人的隔代观念,陪伴孩子的除了孤独之外,更多的就是泪水了。二是长辈关心不当。奶奶年龄偏大,身体虚弱,知识文化水平不高,对孩子是打心眼里爱,但是缺少严格的管教,什么事都依着孩子,导致孩子作业不认真完成,老师催促他交作业时就抄袭别人的,这样是无法胜任对留守儿童的正常监护任

第二章 家中留有小学生

67

务的。

（2）社会环境的影响。目前小城镇的社会教育力量还很薄弱，教育资源缺乏，教育观念陈旧，不能有效地弥补留守儿童家庭教育的不足。对一些娱乐场所地方政府未能实行有效管理，也使一些留守儿童沉迷于其中而不能自拔。

教子有方 >>>

（1）改善孩子的生活环境。根据吴博常的实际情况，可以看出他的本质并不坏，只是环境造就了他的性格。所以，如果老师告诉家长孩子在行为方面表现很另类，那么，父母中的一个最好还是回来对孩子进行管教，毕竟临时监护人的年龄大部分都过大，不适合，也没有更多的精力去对他们进行管教。只有当家长意识到如果现在不管好孩子，以后长大了就更不好管了，他们才能全心地投入对子女的教育中，改善孩子的生活环境，让其向行为好的人学习。

（2）临时监护人不能放任孩子不管。临时监护人要改变对孩子的教育态度，不能宠溺或者是过于严格，让孩子做一些力所能及的事情，并配合学校的老师对孩子进行监管，严格要求孩子，管教孩子，不能看到孩子有问题却放任不管，这是不负责任的表现。

（3）家长和老师相配合。家长和老师进行配合，既然家长不在家，就要和老师保持联系，多从老师那里了解孩子的近况；要支持老师的工作，并帮助老师共同分析孩子犯错误的原因，一定要让孩子自己找出错误之所在。教育他这样做的坏处，但是不能用责骂的方式，要保护孩子的自尊心并关怀爱护他并严格要求，使其真正理解家长和老师对他的关爱，有利于帮助他形成良好的行为规范。

（4）培养孩子好的行为。孩子之所以表现出另类行为，是因为他没有一套好的行为准则做参考，所以，培养孩子良好的行为习惯很重要。家长可以通过临时监护人对孩子进行培养，要求孩子在家时帮助家里的人做一些事情,做好了可以给予适当的奖励,帮助他们建立起热爱生活的信心。随时和临时监护人联系,了解孩子在家的情况,如果孩子那些另类的行为有所改善,就需要对其进行鼓励,并让其保持下去。

小贴士

对待另类的孩子不可急躁,"问题孩子"的行为转化工作是一项复杂而又艰辛的劳动,也是一项艰巨而长期的工作。孩子的转化,绝非一蹴而就的事情。孩子表现另类,家长和老师就要付出更多的关心,针对特殊情况进行特殊处理。像吴博常这样的情况,家长和老师不能以过度责罚的方式对其进行教育,那只会增强他的抵触情绪,所以,家长和老师可以用鼓励、关爱的方法慢慢改变他。

4.孩子爱说脏话,怎么办?

留守小学生的故事

小超是陇西县宏伟乡小学五年级的一名学生,是一名典型的留守儿童。小超两岁时父母就外出打工,从此他就跟着爷爷奶奶生活。爷爷奶奶每天在田里忙着,小超要么跟着爷爷奶奶到田里玩泥巴,要么自己和差不多大的孩子一起四处玩耍。四年之后小超上一年级了,妈妈回来带他去学校报名,却发现小超行为习惯很差,爱说脏话,爱在地上爬着玩……后来,在小超妈妈的时时提醒下,爷爷奶奶加强了对小超的行为习惯教育。一段时间过后,小超说脏话的次数明显减少,衣服也干净了很多。

教育有道

按照儿童的心理发展水平,他们说的脏话可分为三种。

(1)模仿性脏话。留守儿童往往缺乏是非教育,是非观念不强,别人说一句骂人的话,他觉得很好玩,也跟着骂人,这是孩子说脏话的一种普遍心理。孩子都有很强的模仿力,看到什么就会模仿什么,缺乏判断是非的能力。留守儿童没有父母作为一个正面的榜样让其模仿,如果同伴或是影视作品中有人说了脏话,这都可能会成为孩子模仿的对象。

(2)习惯性脏话。留守儿童说脏话父母不能及时制止。如果孩子的模仿性脏话得到成人的默许或者赞赏,那么,孩子说脏话就会成为一种习惯。孩子有时也许是出于好奇才会说出脏话,其实他们本身并不了解那些脏话是什么意思。如果年龄小的孩子说出这样的话,父母没有及时地加以教育,等上了小学孩子说出这样的话,老师或家中长辈则会生气,训斥孩子,甚至暴力相加。不管是出于哪种原因,老师和长辈的反应都有可能会对孩子说脏话的行为进行了反向强化,让孩子养成说脏话的习惯。

(3)有意识的脏话。孩子说脏话时,除了出于好玩、互相模仿外,还具有一定的选择性,他们能够初步理解脏话的含义,并对特定的对象说脏话,这就是一种有意识的行为。当然,也有些孩子是在与小伙伴发生矛盾或者受了欺负时,没办法得到父母的安慰和爱护,以说脏话来发泄自己的不满。孩子与他人发生冲突或者愿望得不到满足时,他们可能也会用说脏话的方式来发泄心中的情绪,以舒缓自己的压力。

针对这三种不同程度的脏话,留守小学生的父母要意识到孩子说脏话的原因和目的以及习得的方式,具体情况具体分析,只有弄清原因才能采取下一步的改善措施。

（1）利用消退法。消退法又被称为冷处理法，简单地来说就是，当某一行为反复出现时，要是这个行为得不到强化，这种行为的发生率就会降低。要是孩子说脏话了，老师和家长不要去打孩子，也不要去教育孩子，应仿佛孩子没说话一般，不理睬他的行为，经过多次以后，孩子就会觉得说脏话没有意思。要注意的是，当孩子说脏话的时候，不能够发怒，因为你异常愤怒的样子会使孩子重复说脏话，这样不但不能制止孩子说脏话的行为，反而可能会强化孩子的不良行为。

（2）利用示范法。示范法又被称为模仿疗法，简单地来说就是通过观察别人的行为，学习和获得良好行为，减少和消除不良行为的一种矫正方法。通过观察他人的行为来改变个体行为的方式是相当有效的，主要分为：影视模仿法、录像模仿法、读物模仿法、现场模仿法、参与模仿法等。父母或者老师编一些小故事让孩子从中去体会，这就是典型的读物模仿法。父母或者老师在编故事的时候，可以在故事中增加一些具备可操作性的意见，例如：当孩子生气的时候可以去找别人倾诉或者与玩具说话等，而不是用说脏话的方式发泄。老师或父母可以运用不同的方法去帮助孩子模仿好的行为习惯，从而使孩子改掉坏习惯。

（3）追究孩子说脏话的原因。当孩子说脏话的时候，老师和父母不妨想想孩子为什么说脏话。了解之后，要是孩子说脏话是因为受环境影响的话，就可以采取环境隔离法。可以给孩子换个座位或是让他交一些新朋友，让孩子与不说脏话的孩子一起玩，为孩子创造一个好的环境。要告诉长辈，不能够在孩子面前说脏话，那样对孩子的影响不好。

第二章 家中当有小学生

71

小贴士

孩子对外界的事物一般都很好奇,尤其是小学低年级学生,他们想通过语言和别人进行交往,来满足自己的需要或者获得别人对自己的注意。当孩子刚开始接触脏话时,他会感到新奇,尤其是说过以后,大人可能感到惊讶,或是哈哈一笑,因此孩子会认为说脏话能引起大人注意或赞赏。家长对他的教育如果不当,恰恰会强化他的这个行为。

要解决类似问题,家长和老师一方面可以采取冷处理的方式,即装作不知道,或者表现出这样做一点也不好玩的意思。另外,小学生的模仿能力是很强的,所以要适当减少孩子与习惯说脏话的孩子或成年人接触的机会,并告诉家中的临时监护人尽量做到不在孩子面前说脏话。

5.孩子迷上了网络,怎么办?

 留守小学生的故事

小强是山西临县某寄宿制小学的四年级学生。他不久前的一次举动,让校长和老师们至今仍心有余悸。

小强的父母长年在外打工,夫妻因感情不和离婚了,小强一直跟着奶奶生活,小强的班主任说:"他本是一个听话的孩子,成绩在班里是中上等,从不和同学打架。但自从知道父母离婚后,情绪变得很不稳定,常常和同学打架,后来迷上了网络,经常逃课去网吧上网。"他曾两次离校出走,有一次连续失踪了4天,最终报警后警方才在网吧找到他。

之后，小强常常去网吧上网，很长时间不回家，就算奶奶去网吧找他回家他也不理，最后甚至连吃喝拉撒全在网吧解决，长时间沉迷于网络。由于长时间上网得不到休息，终于体力不支晕倒在网吧里，被人送进医院进行救治。

教育有道

大量的调查显示，青少年学生是使用网络的最主要群体，沉迷于网络的学生越来越多。小学生相对中学生年龄更小，社会交往更少，比较服从老师和父母，所以小学生沉迷于网络有不同的特点。

（1）好奇的因素更多。许多小学生沉迷于网络，是因为网络对他们来说是新奇事物，特别是自己身边的人都在上网，他们很容易跟着也上网，网络提供了大量的信息和新的娱乐方式，很容易让初次接触的小学生欲罢不能。

（2）更多是因为孤单。据一项调查，约46.7％的沉迷网络的小学生缺乏玩伴，又不能有效地拓宽自己的人际圈子。另一项调查的结果显示：在现实生活中，孩子与父母、教师的沟通并不理想，他们在父母和老师那里也得不到所期待的关心。当孤单的孩子发现在网络中可以得到别人的关注，可以找到朋友，他们就愿意花很多的时间在网络上。

（3）家庭和父母的影响。一是存在不利于孩子健康成长的家庭关系，孩子在压力面前得不到家长及时的心理支持；二是家长缺乏有关互联网的必要知识，自己不能正确认识互联网，不能指导孩子健康上网。

教子有方 >>>

（1）和孩子约定上网规范，必须落实相关措施。小学生正处于

第二章 家中当育小学生

行为习惯养成的时期,自制力较差,行为养成的初期必须用制度约束。留守小学生的父母在离家之前必须和孩子一起讨论上网的事情,约法三章:一是控制上网时间。每周最多 3 次,每次上网时间一般不超过 2 小时,而且连续操作 1 小时后应休息 15 分钟。二是限制上网内容。每次上网前,一定先明确上网的任务和目标,不迷恋于网络游戏,坚决不上黄色网站。三是准时退网。上网之前,根据任务量限定上网的时间,时间一到,马上退网,不找任何借口,不"宽容"自己。一旦形成约定,要让孩子的抚养者了解约定的内容,并且作为约定的监督者,行使监督的权力。

(2)请人监督。要戒除"网瘾",寻求别人的支持和帮助非常重要,最好的办法是找到一个人帮助学生解决这个问题。这种支持可来自同学、老师、朋友和家庭。留守小学生的父母向孩子的同学、老师、朋友寻求帮助,向他们讲明和孩子约定的控制上网的计划,请他们监督;当"网瘾"出现时,请他们及时提示,帮助克服。平时的活动,要多与同学在一起,同他们一起上课,一起学习,一起交流,在他们的带动和帮助下,使孩子把精力集中到学习上来。当孩子有进步时,比如按计划已经执行一周,应适时给孩子鼓励和表扬。

(3)以新代旧。在戒除某种习惯时,这种习惯仍有很大的诱惑力,这是正常的心理现象。对于沉迷于网络的小学生,其父母可以通过让孩子有新的感兴趣的事情或活动,将孩子的注意力从网络上转移开。比如培养孩子新的爱好和志趣,鼓励孩子尽可能参加一些自己喜欢的活动,多做一些自己感兴趣的事情,用新行为习惯来代替上网的习惯。

(4)提前预防。提前和孩子讨论合理上网的问题,给孩子打预防针。预防是治疗上网成瘾的良方。

小·贴士

如何判断自己的孩子是否网络成瘾？

美国学者杨格修改了赌博成瘾的 10 个标准,保留了其中的 8 个作为网络成瘾的诊断指标。但是,学者比尔德认为,杨格的标准存在一些问题,他进行了修改,制定了"5＋3"的诊断标准。其中的前 5 个标准是:

1.是否沉湎于网络;

2.是否为了满足而增加上网时间;

3.是否不能控制、缩减上网时间和停止使用网络;

4.当缩减上网时间和停止使用网络时,是否会感到疲倦、忧郁和痛苦,或易怒;

5.实际上网时间是否比原定的时间长。

这是网络成瘾的必要条件。除此之外,还必须满足下面三个标准中的一个:

1.危及重要的人际关系、工作、学习和生活;

2.对家庭成员、临床医生和其他人隐瞒真实的上网时间;

3.使用网络是为了逃避现实或减轻精神困扰。

只要满足上述"5＋1"标准,就可以诊断为网络成瘾。

四、让孩子学会保护自己

小学生比幼儿的活动范围更广,独立性更强,父母对小学生的保护也比幼儿期有所下降,孩子的人身安全仍然成为小学阶段父母要重点关心的问题。

留守小学生较之于一般家庭的小学生,由于父母疏于照顾及监护人的防范能力弱,是意外伤害事件的高发群体。一是由于得不到细心照顾而产生的安全问题;二是受他人的人身侵害,如被拐卖和受到性侵害;三是留守儿童自己行为失范,走上违法犯罪或自杀轻生之路,危及自己的人身安全和他人的生命。

1.让孩子避免意外事故,怎么做?

 留守小学生的故事

某小学六年级有两名学生在星期六上艺术课间隙,站在二楼阳台相互开玩笑。大个子同学对身边矮个子说:"你能跳下去吗?"旁边的同学伸头向下一看,估计有两米多高,便对高个子同学说:"太高了,我们肯定跳不下去。"高个子同学扬扬得意地说:"我一跳就跳下去了。"说着,便"潇洒"地纵身一跃……不一会儿,120急救车来了,两名穿白大褂的医生走下救护车,将这位"愣头青"抬上了担架。后据医院方面称:这位同学的身体多处骨折。

 教育有道

爱玩是孩子的天性,学习之余,轻松休闲、快乐玩要应该是一个健康儿童的生活方式,但是很多意外伤害也是在玩耍中发生的。嬉戏打闹等不良的活动习惯是造成意外伤害的原因之一。除此之外,缺乏自我保护意识也是造成意外伤害的原因。儿童的心理发展尚未成熟,好动,好奇,理解力和判断力差,缺乏生活经验,危险意识薄弱,自我保护能力相对较差,所以他们缺乏一种自觉的防护心理,缺乏事故安全防范意识,容易发生某些常见的意外伤害。

教子有方 >>>

儿童意外受伤带给家庭的不仅是巨大的直接经济损失,而且其中潜在的精神心理创伤是难以估量的。留守小学生的父母不在身边,可以考虑从以下几个方面入手,让孩子避免意外伤害事故。

(1)让孩子了解不同活动的危险性,让他们有能力做出判断。一方面父母要鼓励孩子参加健康的课外活动;另一方面给孩子规范哪些活动是不安全的,不到有安全隐患的区域活动,从而让孩子知道哪些是危险的活动,哪些是可以积极参加的活动,从而产生远离危险活动的意识。

(2)要求孩子要注意观察周围的活动环境。小学生注意范围较小,自我控制的能力比较差,往往是靠自己的情绪支配行动,缺乏一种观察事物的能力。因而,父母应要求孩子在活动时观察周围的环境,这是培养他们自我保护能力的一个重要方面。应鼓励他们去发现问题,让他们知道哪里会有危险,什么东西有危险,让他们通过自己的眼睛去发现,获得深刻的印象,在经过反复多次的强化后,大部分学生都能把观察周围环境作为一种良好的习惯。

(3)和孩子一起玩安全游戏。所谓安全游戏,实际是模拟日常生活中的情境,通过游戏的方式让孩子练习在某些情况下应该怎么做。通过轻松愉快的游戏,孩子掌握了在特定情境下正确的保障自身安全的方法。比如模拟在嬉戏打闹时你追我赶而发生了碰撞,利

第二章 家中留守小学生

77

用这样的情境,启发孩子思考可能会发生什么事情。孩子既体验了可能造成意外伤害的紧张场面,又通过讨论和练习提高了自我保护的意识,掌握了自我保护的方法。

(4)通过购买保险加强孩子自身安全的保障。小学生活泼好动,运动量大,意外伤害事故时有发生。意外事故除了给孩子带来身体上的伤害,也给家庭带来沉重的经济负担。很多留守小学生的家庭本来就贫困,如果孩子遭遇意外伤害事故,整个家庭几乎没有一点承受能力。留守小学生的父母可以考虑给孩子购买意外伤害保险,作为孩子的安全保障。目前很多保险公司都有少儿意外保险,每年花费在200元左右。另外,学校一般也会有学生商业保险。留守小学生的家长可以根据家庭的实际情况做出选择。

小贴士

校园意外伤害事故是小学生遭遇得最多的事故类型。父母需要了解有哪些情形造成学生伤害事故时学校应当依法承担相应的责任,哪些情形学校不需要承担责任。

(1)《学生伤害事故处理办法》第九条规定,因下列情形之一造成的学生伤害事故,学校应当依法承担相应的责任:

①学校的校舍、场地、其他公共设施,以及学校提供给学生使用的学具、教育教学和生活设施、设备不符合国家规定的标准,或者有明显不安全因素的;

②学校的安全保卫、消防、设施设备管理等安全管理制度有明显疏漏,或者管理混乱,存在重大安全隐患,而未及时采取措施的;

③学校向学生提供的药品、食品、饮用水等不符合国家或者行业的有关标准、要求的;

④学校组织学生参加教育教学活动或者校外活动,未对学生进行相应的安全教育,并未在可预见的范围内采取必要的安全措

施的；

⑤学校知道教师或者其他工作人员患有不适宜担任教育教学工作的疾病，但未采取必要措施的；

⑥学校违反有关规定，组织或者安排未成年学生从事不宜未成年人参加的劳动、体育运动或者其他活动的；

⑦学生有特异体质或者特定疾病，不宜参加某种教育教学活动，学校知道或者应当知道，但未予以必要的注意的；

⑧学生在校期间突发疾病或者受到伤害，学校发现，但未根据实际情况及时采取相应措施，导致不良后果加重的；

⑨学校教师或者其他工作人员体罚或者变相体罚学生，或者在履行职责过程中违反工作要求、操作规程、职业道德或者其他有关规定的；

⑩学校教师或者其他工作人员在负有组织、管理未成年学生的职责期间，发现学生行为具有危险性，但未进行必要的管理、告诫或者制止的；

⑪对未成年学生擅自离校等与学生人身安全直接相关的信息，学校发现或者知道，但未及时告知未成年学生的监护人，导致未成年学生因脱离监护人的保护而发生伤害的；

⑫学校有未依法履行职责的其他情形的。

(2)《学生伤害事故处理办法》第十二条规定，因下列情形之一造成的学生伤害事故，学校已履行了相应职责，行为并无不当的，无法律责任：

①地震、雷击、台风、洪水等不可抗的自然因素造成的；

②来自学校外部的突发性、偶发性侵害造成的；

③学生有特异体质、特定疾病或者异常心理状态，学校不知道或者难于知道的；

④学生自杀、自伤的；

⑤在对抗性或者具有风险性的体育竞赛活动中发生意外伤

害的；

⑥其他意外因素造成的。

（3）《学生伤害事故处理办法》第十三条规定，下列情形下发生的造成学生人身损害后果的事故，学校行为并无不当的，不承担事故责任；事故责任应当按有关法律法规或者其他有关规定认定：

①在学生自行上学、放学、返校、离校途中发生的；

②在学生自行外出或者擅自离校期间发生的；

③在放学后、节假日或者假期等学校工作时间以外，学生自行滞留学校或者自行到校发生的；

④其他在学校管理职责范围外发生的。

2.让孩子避免被拐走，怎么做？

 留守小学生的故事

小丽是一名小学二年级的学生，一天放学后正在校门口等她妈妈来接她回家。这时，一名陌生男子骑着自行车到小丽身边，说："你在等妈妈接你回家是吗？"小丽点点头。那名男子接着说："你妈妈在单位里正开会，让我接你回家。"小丽听这人说得有板有眼的，没有半点犹豫，就跨上了自行车。但是，当车子骑出去不远，小丽发现不对了——回家可不是这条路！她知道上当了，大声地哭道："放我下车，我要回家！"喊声惊动了行人。行人围拢过来，截住了自行车，问明了情况，将骑车人扭送到派出所。原来，此人是专门拐卖儿童的罪犯。

 教育有道

现在社会上的骗子抓住小学生年纪小、单纯、易于上当的特点，用一点小恩小惠或叫孩子干坏事或带到外地拐卖，或骗到幽静的地方侮辱，或作为人质敲诈钱财。被拐经历对小学生的身心会造成严重的伤害，甚至危及生命。

留守小学生的父母需要注意，相较于幼儿的被拐，小学生的被拐有可能并非真正被拐。孩子可能因为害怕家人的责骂，或为了向父母提出要求满足自己的某些需求，而编造被拐的经历。比如有小学生出去玩迷路了，怕父母责怪便编出了被绑架、被拐卖的情节。还有一种情况是小学生因为年幼无知，离家出走，家人发现孩子不见了，以为孩子被拐，而实际的情况是孩子自己离家出走。

无论是真正被拐还是撒谎被拐或离家出走,留守小学生丢失的现象都需要引起父母的重视。平常应正确教育孩子,避免出现被拐走或离家出走的事件。

教子有方 >>>

加强对孩子的教育,帮助他们不断提高防范意识,是每一位父母,尤其是不在孩子身边的留守儿童父母的责任。以下是避免孩子被拐走的有效方法:

(1)在孩子能记事以后,就要教孩子认识自己家周围的环境,诸如自己家房子的特征,附近有什么特别的建筑物,住在什么街、什么胡同,以及门牌号。除此之外,还要让他熟记父母或其他亲人的工作单位、家庭住址、姓名,对于识字的孩子,要教他们记家中的电话号码,教他们怎样打电话、写信等。以备派出所找到丢失的孩子后,孩子能配合派出所寻找父母或其他亲人。

(2)父母应要求孩子上学、放学要与住在附近的同学一起走。有困难找警察和大人,记住求救电话:110。

(3)父母需要一再强调孩子千万不能接受陌生人送的礼物或食物,不要跟陌生人走。假如陌生人要强行带他走,一定要大叫,并告诉过往的人他不认识这个陌生人。利用食物或玩具诱骗小朋友,趁家长不注意的时候把小孩拐走,是人贩子常用的伎俩。因而,要叮嘱孩子不要轻信陌生人,让孩子学会拒绝陌生人的诱惑,而且即使是孩子曾经见过的人,也要告诉孩子不要轻信。

(4)与孩子沟通不要保守坏人的秘密。坏人做了坏事,叫孩子不要告诉别人,不然他会对孩子怎样;坏人和小孩子说约好去某地方要给他什么东西,并叫孩子不要告诉家长。在这些情况下,他让孩子帮他保密不是要求孩子讲义气,而是在恐吓孩子,如果孩子为他保密了,不是体现自己的义气,而是在帮助坏人。所以家长应该让孩子明白,如果真的见到坏人有不轨的行为,应当在确保自身安全的前提下告诉大人或者报警。

(5)告诉孩子如果有人向你求助,比如请你带路或请你帮忙拿东西等,一定要告诉他:"要帮忙,请你去找大人或找警察。"人贩子往往会利用各种手段与小孩子套近乎,了解小孩子什么时候独自在家,小孩子常常一个人去哪些地方,什么东西小孩子最想要,以便对他下手。要告诉孩子不要听信陌生人和他讲的任何故事,永远不要和主动帮助他的陌生人一起走。

小·贴士

(1)拒绝给陌生人带路。不要因一时贪吃、贪玩随便跟陌生人出走。

(2)切忌因心情不好便远离家门,在社会上流浪,这样容易被不法分子盯上。

(3)如果发现自己已经被拐卖,要及时采取自救措施:

①在车站、码头或人多的地方伺机脱身;

②暂时无法逃离时,可设法稳住对方,乘对方麻痹之际再跑;

③寻找可靠的邻居、老乡捎信给家人或与当地政府取得联系,求得援救;

④要坚强,不悲观,不轻生,应对拐卖者进行观察了解,以便以后向公安部门提供其衣着相貌特征和真实身份,协助司法机关及时惩治拐卖者。

第二章 家中留有小学生

83

3.让孩子避免被性侵犯,怎么做?

 留守小学生的故事

某小学六年级的小敏近来情绪一直低落,甚至出现割手腕自我伤害的行为,小敏只向老师透露不喜欢体育老师及上他的课,但不肯说出深一层的内心话。后来经由班上其他同学得知,暑假中未婚的体育老师曾与她结伴出游,并在旅馆中发生性行为,事后体育老师有意疏远她……

家长从小敏的朋友那里知道此事后,非常生气。到校想找体育老师理论此事,双方发生争执,引来师生围观,事后流言四起、议论纷纷,对老师和学生都造成极大伤害。

 教育有道

儿童性侵害是指:任何人用威胁、暴力、诱骗或其他不正当的手段对待儿童,以达到性骚扰、性接触或发泄性欲的目的的行为。

有关专家指出,许多儿童遭受性侵害的过程并不一定是被"暴力"占有,而是被"温柔"吸引。因为,对儿童造成性伤害的人许多来自周围的熟人——老师、同学、邻居等。有的侵害者利用了儿童的信任和崇拜,有的则利用儿童需要别人关爱的心理和对大人权威的恐惧作案。为此,保护好孩子的安全,让他们避免遭到性侵害,是我们全社会应高度关注的问题。

小学阶段的孩子在遇到性侵犯的时候,并不太懂得反抗,因为在他们这个年纪,很多学校和家长都没有对他们进行专门的讲解,使他们在性教育这一块有明显的缺失。再加上小学阶段的孩子对比他们大的成人有一定的敬畏或者恐惧的感觉,就算遇到了性骚扰也不敢对家长或者老师说,虽然他们自己也会觉得很奇怪,甚至是觉得很不好意思,但是,也不会轻易地告诉别人,而是把这件事放在自己的心里面,不让他人知道。

教子有方 >>>

(1)学校和家庭平时应该教会孩子一些预防措施。

①穿着和言行得体。

②让孩子记住:对于任何人提出的性接触都要断然拒绝。

③让孩子知道身体的某些部位属于个人隐私,别人是不可以随便触碰的。

④让孩子学习分辨不同形式的触摸,哪些是可以的,哪些是不可以的。对于不当或感觉不舒服的身体接触要勇敢地说"不!"

⑤应避免独自在无人的场所逗留。

(2)孩子遭到性侵害后家长应该采取下面的做法。

①维护隐私。处理时,应维护孩子的隐私与尊严,顾及孩子的感受,避免受到二度伤害。

②了解事实。鼓励孩子说出实话,并给予其支持与安全感。

③危机处理:保存受害的证据;安排孩子至医院检查、治疗;知会当地性侵害防治中心;带孩子接受心理辅导。

④心理支持:倾听、接纳孩子的感受,相信孩子所说的事情真相;告诉孩子这件事她没有错,她还是好孩子;表达父母的关心,给她温暖与安全感;请学校心理辅导老师配合辅导。

小贴士

北京青少年法律援助与研究中心调查发现,性侵案中熟人作案的比例约占 68%,场所多在家庭和学校。美国一项调查也证实,大部分受害儿童是被认识和信任的人所侵犯的。大多数性侵犯没有使用暴力，而是以"给你检查身体"或"我们来玩一个游戏"等诱骗孩子。遗憾的是，被侵犯后，有些父母不相信孩子的话，认为孩子是在幻想或编造与人发生性接触，从而让更多性侵案石沉大海。

容易被性侵犯的年龄段主要有下面三个：

学龄前：这个年龄段抵御伤害的能力弱，防范意识薄弱。有人曾做过一个试验：给女孩红纸，让她们贴到玩具小熊的身体不能被触摸的部位上，结果7岁以前的孩子大都贴到了鞋子和眼睛上。这说明她们并不知道私密的地方在哪里。

小学三年级：由于活动范围比以前更大了，风险也随之升高。

初中阶段：已经逐步开始性发育，女孩的性特征逐渐显现，让心态不端的人有了作案动机。

性侵害是有明显季节规律的，研究者总结为："较为平安三月三，四月五月往上蹿；夏天多发强奸案，冬季侵财到峰巅。"

五、异常情况

小学生生理发育和心理发展中容易出现的问题或障碍,比较常见的有多动症、发育迟缓、肥胖症等。

发育迟缓俗称智力低下,是由遗传的或后天的种种有害因素所致。在胎儿期、预产期或出生后直至 18 岁前损害了大脑的结构或功能,造成精神发育受阻或不完全,突出表现为智力缺陷及儿童学习困难、社会适应不良。

肥胖症是因过量的脂肪储存使体重超过正常情况 20% 以上的营养过剩性疾病。超过标准体重 21%～30% 者为轻度肥胖症,超过 31%～50% 者为中度肥胖症,超过 51% 以上者为高度肥胖症。

本部分要重点介绍小学阶段的一种有代表性的异常情况:多动症。

孩子得了多动症,怎么办?

 留守小学生的故事

小昭,7 岁,男。他的"顽皮"让家长非常头疼。他总是不停地在屋子里跳来跳去,一刻也不能停下来,从来不会静下来听父母说话。小昭在课堂上总是东张西望,无法集中精神,总是找旁边的同学说话,有时甚至随意离开座位。被老师批评后,他也有所好转,但是他总是"管不住自己"。体育课上,经常不听老师叮嘱,做一些危险的举动,比如横跨学校栏杆等。小昭的同学都害怕"惹"着他。

教育有道

注意缺陷多动障碍(ADHD),在我国被称为多动症,是儿童期常见的一类心理障碍。表现为与年龄和发育水平不相称的注意力不集中和注意时间短暂、活动过度和冲动,常伴有学习困难、品行障碍和适应不良。国内外调查发现,该病患病率为 3‰～7‰,男女比为 4:1～9:1。部分患儿成年后仍有症状,明显影响患者的学业、身心健康以及成年后的家庭生活和社交能力。

临床表现为以下几点:

①注意缺陷:与年龄不相称的明显注意集中困难和注意持续时间短暂,是本症的核心症状。患者常常在听课、做作业或从事其他活动时注意难以持久,容易因外界刺激而分心。在学习或活动中不能注意到细节,经常因为粗心而犯错误。注意力维持困难,经常有意回避或不愿意从事需要较长时间持续集中精力的任务,如做课堂作业或家庭作业。做事拖拉,不能按时完成作业或指定的任务。患者平时容易丢三落四,经常遗失玩具、学习用具,忘记日常的活动安排,甚至忘记老师布置的家庭作业。

②活动过多:表现为患者经常显得不安宁,手脚小动作多,不能安静地坐着,在座位上扭来扭去。在教室或其他要求安静的场合擅自离开座位,到处乱跑或攀爬。难以从事安静的活动或游戏,一天动个不停。

③行为冲动:在信息不充分的情况下快速地做出行为反应。表现冲动,做事不顾及后果,凭一时兴趣行事,为此常与同伴发生打斗或纠纷,造成不良后果;在别人讲话时插嘴或打断别人的谈话;在老师的问题尚未说完时便迫不及待地抢先回答;不能耐心地排队等候。

④学习困难:因为注意障碍和多动影响了患者在课堂上的听课

效果、完成作业的速度和质量,致使学习成绩差,常低于其智力水平所应该达到的学习成绩。

⑤神经系统发育异常:患者的精细动作、协调运动、空间知觉等发育较差。如翻手、对指运动、系鞋带和扣纽扣都不灵便,左右分辨困难。少数患者伴有语言发育延迟、语言表达能力差、智力偏低等问题。

⑥品行障碍:注意缺陷多动障碍和品行障碍的共病率高达30%~58%。品行障碍表现为攻击性行为,如辱骂或打伤同学、破坏物品、虐待他人和动物、性攻击、抢劫等,或一些不符合道德规范及社会准则的行为,如说谎、逃学、离家出走、纵火、偷盗等。

家长可以看看自己的小孩有没有出现以上症状,如果有,就要到有关的医疗机构去检查,及时治疗。

教子有方 >>>

多动症的孩子好动,不会安静、坐不住,为家长、老师带来了许多麻烦,作为教师、家长,不能强令其"不许动!""不要再动!"……不要暗示孩子是"问题儿童",而要从关心的角度,平等地疏导,以鼓励、表扬为主,让同伴分散他的注意力,让友谊驱动他克制自我的能力,真正让孩子从多动状态中安静下来。可以通过以下几个途径来改变孩子的行为。

(1)取消奖赏。当优良行为出现后可获得奖赏,一旦行为消退或出现不良的行为时,应取消奖赏。如多动症儿童常不按时完成作业,就要按规定扣除奖励,使儿童将优良行为保持下来。反复多次,可以促使其养成良好的行为习惯。但有时可能会出现奖励失去约束力的情形,孩子不理会奖励,旧病复发。这时就应该取消奖励,而考虑采取其他措施。

(2)处罚。对不良行为的结果和表现,给予不愉快的刺激,使其

第二章 家中常有小学生

减少或消除不良行为。但处罚只是使不良行为受到暂时抑制,一旦没有了处罚,不良行为又可能重现。正确的处罚方式如下:①暂时隔离法:让儿童孤立在一处或独坐房间一角,一般时间在5分钟左右即可;②采取对儿童不满意的态度,使他们明白,有了不良行为,可能失去大人的喜欢。③停止某项游戏或奖品,以表示惩罚,不能采用训斥、恐吓或打骂等粗暴方式。粗暴方式往往起不到效果,反而有可能造成儿童的逆反心理和怨恨情绪。处罚可以用于多动症儿童的破坏性行为、刻板行为、攻击行为、自伤行为。

(3)消退。原来强化的行为停止强化,使儿童应答减少,从而减少不良行为的发生。如多动症儿童任性、发脾气,往往由于父母的关注而使其不良行为得到强化。所以在治疗中,应努力寻找产生不良行为的强化因素,针对该因素,减少对其注意,使其不良行为减少。

(4)批评和劝告。对多动症儿童的不良行为,用语言提出劝说或批评,明确指出不良行为的错误,用说理的方法使儿童了解自己的问题,并掌握解决问题的方法,从而使不良行为减少或消除。这种方法由于较温和,不易使儿童产生逆反心理,但效果较慢。但只要坚持对多动症儿童进行反复的批评和劝说,总有一天会使其领悟,而使不良行为得以消退。

小贴士

不是孩子喜欢动来动去就觉得孩子是不是得了多动症,也有可能是孩子调皮好动的性格引起的一些活动,所以,多动症≠调皮好动。那么,两者又有什么区别呢?

(1)注意力

患有多动症的儿童在任何场合都不能较长时间地集中注意力,即使是看连环画、小人书和动画片的时候,也不能专心致志。调皮好动的孩子却不同,他们在看小人书、动画片的时候,能全神贯注,还讨厌其他孩子的干扰行为。

(2)行动的目的性

调皮好动的儿童所表现出来的行为常有一定的目的性,并有计划及安排,他们知道自己做完这一步下一步要接着做什么。多动症患儿没有这个特点,他们的行动没有目的性,没有计划,做事较冲动,且没有章法,有始无终,不知道自己在干什么。

(3)自控能力

调皮好动的儿童在严肃的、陌生的环境中,有自控能力,能安分守己,不胡吵乱闹,知道什么时候能动能闹,什么时候不能调皮捣蛋。多动症患儿没有这种能力,常被指责为"不识相",一般是不分场合和地点地随意吵闹,且不容易安静下来。

第三章　家中留有初中生

——13～15岁留守儿童家庭教育策略

13岁到15岁这段时间可称为青春期、少年期,这个阶段的个体正处于初中阶段,这三年是个体身体发展的一个加速期,身体的各个方面都在迅速地发育并逐渐达到成熟。首先,生理上的成熟使青少年在心理上开始产生成人感,他们希望获得成人的某些权利,想转换自己的社会角色。然而,他们的心理发展水平有限,很多期望不能够实现,容易产生挫败感,需要家长对其进行疏导。其次,这个阶段的孩子自我意识高涨,初中生的内心世界变得丰富起来,更侧重于阐发自己的体会和感受,这些体会和感受直接来自自我观察、自我反省、自我批评以及自我期望等;他们的内心世界逐渐丰富,经常沉浸在关于"我"的思考和感受中。也恰是由于这一点,导致了他们个性上的主观偏执性。这个阶段的学生还具有反抗性,希望成人能尊重他们,承认他们具有独立的人格,如果这种愿望不能得到满足,就容易激起学生的反叛心理。最后,在与父母关系方面,孩子急于摆脱父母的约束,和父母不像以往那样亲密,严重的还会表现出激烈的反抗。所以,在这个特殊的阶段,需要监护人对孩子进行更加细心的照顾和陪伴。

一、和孩子建立亲密关系

青年要从儿童期走向成人期,必须逐渐从家庭中获得独立,确立与友伴的和谐关系。这一时期的亲子关系有如下特征:青年前期的亲子关系与儿童期并无两样,只是心理上逐渐向家庭外发展;到青年中期则渴望摆脱成人的束缚,故有时会与父母发生冲突,尤其是初中阶段。到了二十岁左右,则又能理解父母的苦心与想法了,对父母的情感又可恢复到儿童期那么浓厚。这可能与青少年重新反省早期的依附性质并重新解释其意义,而领悟到以一种更有信心、友善的方式达成新的亲子关系有关。

1.孩子很逆反,怎么办?

留守初中生的故事

小爱是一位乖巧漂亮的小女孩,虽然成绩一般,但是很受老师和家长的喜爱,但是从初一的那个暑假开始,小爱就开始"变了"。

小爱的妈妈发现小爱常常和同班的小雨一起玩,有一天还打电话告诉妈妈说今晚不回家,直接去小雨家睡觉,小爱的妈妈为此很担心。后来,小爱的问题越来越多:发型怪异,打扮"时尚",还玩起了早恋……小爱的妈妈认定女儿的一切变化都来自她的那个朋友小雨,所以千方百计地要折散她们,每天让保姆接送孩子,甚至还约了对方家长,可事态的发展并不如她所愿。家长越是干涉,两个女孩越是要黏在一起,反倒使她俩建立了共同阵营,一致对外。

眼见女儿离自己的期待越来越远,小爱的母亲痛心疾首,但是小爱还是我行我素,甚至公然与父母对着干,大冬天的,故意穿着单薄的衣服,母亲堵着门非让她多穿几件,她倒好,里里外外穿了好几件夏天的衣服就到学校来了,为此,小爱的父母都不知道该拿他们的女儿怎么办。

教育有道

　　初中的孩子处于 13 到 15 岁之间，这个阶段的学生具有自己独特的心理特点，在心理学上被称为"心理断乳期"，也就是平常大家所说的"叛逆期"。

　　这个阶段的孩子大部分都要度过一段时间的叛逆期，在这个时间段中，他们以自我为中心，和父母作对，情绪不稳定，因而本阶段内亲子之间的沟通问题非常重要。

　　如果父母与孩子之间的沟通出现了问题，孩子的叛逆心理就会变得更加严重，不及时疏导的话就可能引起更大的问题。有专家提出，父母可以用对待客人的方式来对待孩子。客人去你家玩，走的时候落下了东西，你肯定不会生气，还会热情地给人送回去，如果丢东西的是你的孩子，你一定会数落甚至是训斥，假如我们真的能像对待客人一样对待孩子，那么，孩子的叛逆机会就将大大减少。

　　由此可见，孩子的叛逆心理其实是可以预防的，只要家长们做好充足的准备，在平时就和孩子和平友好地交流，把孩子当成朋友一样相处。

教子有方 >>>

　　初中阶段的学生会产生一种强烈的成人感，进而产生强烈的独立意识，他们对一切都不愿意顺从，不愿听取父母、老师及其他成人的意见，所以，一种反叛心理油然而生。面对孩子产生的叛逆心理，家长可以从以下几个方面进行改善。

　　(1)与孩子保持平等的关系。家长不要在主观意识上忽略孩子的自主性，不要总认为孩子就应该听父母的，因为孩子也是一个独立的个体，他们在一天天地长大，已经拥有了自己的想法和思考方式,不再像小时候一样简单地服从大人的命令,他们也会坚持自己的看法。因此,在与孩子交流的时候,要与孩子保持平等的关系,也要站在孩子的角度看待问题,不要做"独裁者"。遇到事情,多听听孩子的想法,和他们一起探讨解决的办法,就算孩子的观点不正确,也不能一味地批评和否认,而应该耐心地启发孩子,让他明白为什么该这样做而不是那样做,让他心服口服,软化他的态度。

(2)给孩子选择的权利。叛逆期的孩子对自己的想法很坚持,如果这个时候父母还要和他们硬碰硬,非要转变他们的看法,那样只会把关系弄得越来越僵硬。只要孩子的抉择不超出已有的能力范围,不对他人造成影响,就可以给予孩子自己选择的权利。只有给予他们一定的选择权,才能让孩子觉得父母是民主的,没有强迫他们做什么事,就不会觉得自己受到了束缚,叛逆的行为也会因此而有所减少。

(3)合理处理孩子的叛逆行为。初中阶段的孩子情绪控制能力不强,又处在一个特殊的时期,常常遇到一点小事就会对父母大吼大叫。在这个时候,父母要学会冷静地处理,不要因为孩子的一时气话而大发雷霆,甚至对孩子拳脚相加,这样做不仅不能解决问题,还会把孩子推得更远。在他发脾气的时候尽量不要理他,最好的办法就是"冷处理"。这个时候无论你说什么孩子都不会听进去,还不如等他平复心情后再和他慢慢说,这是一个漫长的过程,面对叛逆期的孩子要有足够的耐心和细心,长期坚持才会有效果。

(4)不要说孩子的朋友的"坏话"。虽然这个阶段的孩子对父母脾气很暴躁,但是对朋友却是"肝胆相照",如果在这个时候父母要求孩子不再和他的朋友往来的话,孩子就容易产生厌烦情绪,进而故意和他来往,达到气父母的目的。所以,父母发现孩子所结交的朋友不好的话,不要用强硬的态度要求子女,而是用一些灵活的办法,结合实际情况做出更好的决策。

(5)改变教育方式。有的父母望子成龙、望女成凤,对自己的孩

第三章 家中当有初中生

子严格要求,往往不考虑孩子的兴趣和特点,一味地按照自己的要求来约束孩子,久而久之,孩子便会发起"反抗",所以,家长一旦发现自己的教育方式对孩子没有作用的时候,就要学会反思,结合孩子自身的行为特点,做出改变。

小·贴士

孩子形成逆反的心理,多是父母不理解孩子,给予孩子过大的压力,让他们不堪重负,开始反抗。在这个特殊的时期,父母要及时地端正自己的思想,不要一味地把孩子当成一个永远也长不大的小孩,可以站在他们的角度去思考一下,把他们看作一个独立的个体。他们已经开始学会长大,要给他们机会去锻炼,而不是拉住他们不放手。和孩子做朋友,让他们自己为自己的未来做决定、负责任。教育孩子就应该像放风筝一样,只有松紧适宜,风筝才会飞得更高。

2.孩子上初中了, 父母不在孩子身边,怎么办?

留守初中生的故事

小洁现在是初三的一名学生,在她10岁的时候,父母外出打工,每年才回来一次,她被父母安排在姨妈家住。

在父母还没外出之前,小洁是一个很爱笑的女孩,对人也很有礼貌。自从父母离家打工,她住进了姨妈家开始,就逐渐变得沉默寡言,不爱与人交流。姨妈一家对她都很好,但是她总觉得她是寄人篱下,总不能放开心胸去接纳别人。

才上初中的时候,小洁成绩还不错,随着年级的增加,她的成绩却一直在下降,每次考差了姨妈总会问她原因,她总是避而不谈,只是人变得越来越沉默,在家不跟任何人说话,每天把自己关在房间里不出来。

后来,通过姨妈家的姐姐的口中才知道,原来,小洁一直很想自己的爸爸妈妈,她想回到自己的家,而不是寄居在姨妈家,尽管姨妈对她很好,但每次看到姨妈一家其乐融融的样子她就觉得很伤心,多希望父母也在自己的身边。为了掩饰自己的这种心情,她只有保持沉默,把自己关在房间里,避免自己去看这样的画面,心里面才能好受一点。

教育有道

初中阶段的孩子,大都是属于13~15岁这个阶段,正是情感、品德和性格形成和发展的关键时期。由于长期和父母分离,使留守的他们在心理和生理上的需要都得不到满足,情绪消极,表现出孤僻内向、自卑、自私冷漠、脆弱不堪、任性、脾气暴躁等情绪特征,严重的还会产生叛逆、怨恨的情绪,这些负面的情绪会影响初中学生健康人格品质的形成。

初中生相比小学生而言,已经对这个世界、这个社会有了一定的认识,而且可以分辨好坏,但是,由于父母长期不在家,和父母的关系也就越来越疏远。尽管现在交通越来越便利,但是留守学生与父母相聚的次数却没有增加,一般是一月一次,有的甚至是一年一次。

通过调查发现,留守学生与父母通电话的时候,父母电话中关心的话题主要是:①学习成绩怎样;②是否有钱用。进行思想沟通和情感交流的很少。平常家长邮寄给孩子的90%是钱,学习用品很少,约占2%,其他的主要是衣物等。80%以上的学生非常想念父母。5%左右的初中学生觉得父母不在身边无所谓,原因是小时候都不在家，没有感情基础。

教子有方 >>>

（1）加强与学校老师之间的联系。由于是初中阶段，孩子在学校待的时间较长，老师基本上每天都能接触到学生，所以，可以从老师这个渠道获得孩子的一些情况，定时和老师保持联系，关心自己孩子的表现，如果发现孩子有什么异常情况，家长可以和老师共同协商，解决孩子的问题。

（2）合理满足孩子的需求。父母长期不在家，对待孩子容易出现两种情形：一是零花钱给得过多；二是不能给予任何物质需要。第一种情形容易造成孩子过度浪费，第二种情形下的孩子容易自卑，不愿与人相处。这两种情形都是不好的。所以，家长要合理地满足孩子的要求，当孩子需要用钱的时候可以和他进行商量，在一定的时间里给予他一定的零用钱，并告诉他钱不能乱用，每一笔都要花得有价值，从而培养孩子合理分配金钱的能力。

（3）情感交流必不可少。留守儿童从小缺少父母的关爱，他们在情感上是十分孤独的。不是光给孩子吃饱、穿暖就是给予了他们关爱，他们也是一个独立的个体，也需要情感上的关怀。父母们出门在外，常常是很久才能和孩子见上一面，就算你人不在身边，让孩子听听你的声音也好，所以，在外的父母们应该多和自己的孩子打电话，和他们聊聊天、谈谈心，让他们感受到自己是一直被关爱的，感受到自己存在的价值，感受到你们的爱和关心。

（4）寻求孩子实际抚养者的配合。通常，留守初中生从小由爷爷奶奶或外公外婆带大，很多老人对孙子、孙女的爱比较极端，要么非常疼爱，甚至是溺爱；要么比较冷淡，不管不问。留守初中生的父母要和自己的父母沟通，寻求他们的配合。对孩子不能溺爱，但是也不能过于严厉，要爱得适度，正确的教育方式才能让孩子健康地成长。老人还应该努力创造机会让孩子多去见见父母,可以利用空余时间带孩子去父母身边玩一玩,培养亲子之间的情感,让他们交流起来不那么陌生。

(5)建议老人能接受新思想、新方法。由于祖辈年纪已经大了,他们的观念已经固定,但是,孩子毕竟还年少,所以祖辈如果在教育孩子这方面多接受一些新的知识,学习一些新的观念,掌握一些科学的办法,能更有利于孩子的发展。

小·贴士

隔代教育至少包括以下四种类型。第一种是过分关注型,祖辈溺爱和过分关心孩子,把孩子本来应该掌握的能力也削弱了,容易养成孩子骄纵任性的性格。第二种是过分监督型,祖辈经常检查孩子的行为,督促孩子完成一些事情,容易造成孩子的依赖性和懒惰性。第三种是严厉惩罚型,他们对于孩子的批评多过鼓励,惩罚过多,容易使孩子产生自卑和叛逆的心理。第四种是民主型,这种类型的祖辈往往重视与孩子进行讨论协商,共同解决问题,如此可以培养孩子的自主性,但是采用这种类型隔代教育的祖辈很少。

第三章 家中当育初中生

二、让孩子继续学业

初中是留守儿童辍学率急剧上升的阶段,尤其是女生。很多留守儿童家庭勉强让孩子读完小学以后,就不再送孩子接受中学教育了。在很多留守儿童的父母看来,读书非但不能带来金钱反而还需要花钱,于是乎,很多十多岁的孩子已经是家庭的主要劳动力了。男孩子早早地放下书包,和自己父母一样外出打工;女孩子除了打工挣钱外,还在家承担起照顾家庭的责任,甚至早早地准备嫁人。

要不要让孩子继续学业,成为留守初中生父母很纠结的问题,也是留守初中生人生中的一个重大抉择。

1. 孩子厌学,怎么办?

留守初中生的故事

小欧是一个正在上初三的男孩子。他的父母离开家乡去福建打工,已经两年没有回过家,由于在家里面长期没有人对他进行教育,他渐渐变得不爱学习,导致成绩不断下降,产生了严重的厌学心理。于是,小欧产生了辍学打工的想法,因为没有路费,他就去拦路抢劫,在抢劫的时候被警察抓获,被关在看守所 4 个月。

在警察问他为什么抢劫的时候,小欧回答道:"我爸爸妈妈不在家,没有人管我,更不想学习,平时和我一起玩的几乎都是留守儿童,我们都是每天逃课,上网打游戏或者聚众打架。"

教育有道

在一次针对某所中学438名学生的调查中,26％的学生回答对学习不感兴趣,43％的学生认为学习内容枯燥乏味,19％的学生回答不愿意上学。在一些经济发达地区,有厌学想法的学生比例更高。厌学的直接后果是学习成绩下降,被动学习,影响学生未来的发展。有的孩子在学习方面得不到乐趣,会采用其他方法弥补生活的空虚,逃学、上网、早恋,甚至结交社会不良同伴,走上违法犯罪道路,这些所造成的危害比厌学本身更严重。

为什么这些学生不喜欢学习呢? 据分析,影响学习的要素包括学习障碍、学习疲劳、学业失败等。

(1)学习障碍。有些学生是由于学习能力不如他人,甚至存在学习障碍,比如学习阅读、写作或计算方面有困难,医学上称之为学习技能发育障碍。这些与大脑的某个掌管阅读、写作或计算的部位发育异常有关。

(2)学习疲劳。存在学习障碍的学生很少,大部分学生智力正常,但仍然厌学。这部分学生厌学的原因之一是学习疲劳。学习内容过多,学习材料枯燥、单调、缺乏趣味性,学习强度高,有的父母还要求做完了学校作业还要加做课外练习;还有的学生学习方法不当,例如只会死记硬背,不会联想记忆;只会运用视觉学习,不会运用听觉学习等,都会造成心理疲劳,对学习感到倦怠、烦闷、易怒,精神涣散,兴趣丧失,形成恶性循环。

(3)学业失败。很多孩子在学习中某一次失利,或某一门功课没学好,产生了挫败感,又没有得到及时调整,就会对学习产生畏难情绪,缺乏主动克服学习中的困难,积极进取的精神,其结果是学习成绩下降。由于学习成绩差,得不到家长、老师、同学的理解和赏识,更会丧失学习兴趣,变得得过且过。

第三章 家中若有初中生

101

(4)制订目标不合理。这个目标可能是父母给的,也可能是孩子自己给自己的要求。过高的目标或期望让学生望而生畏,一旦无法实现,便会极大地挫伤孩子的学习动力,严重打击学生的学习积极性,最直接的表现就是厌学。

此外,家庭不和睦,矛盾冲突多,对学生教养态度不一致,溺爱或过分苛求,对文化知识的价值和个人成就不重视等,都会损伤孩子的学习兴趣。对于留守初中生群体来讲,首先家庭是影响学习兴趣的突出因素,再加上可能遭遇的学习障碍、学习疲劳、学业失败、制订目标不合理等经历,很容易产生厌学的情况。

教子有方 >>>

(1)设定合理的学习目标。什么是合理的学习目标?教育心理学中有一个"最近发展区"的概念可以很好地回答这个问题。心理学家认为学生的发展有两种水平:一种是学生的现有水平,另一种是学生可能的发展水平,也就是通过学习可以获得的水平。两者之间的差异就是最近发展区。通俗地说,最近发展区是既高于学生目前的水平,又是学生通过努力学习就能达到的水平。合理的目标就应该是在最近发展区里面的目标。超过最近发展区的目标,往往难以实现,会挫伤学习兴趣,产生厌学;低于最近发展区的目标,往往会导致学生在学习过程中缺乏足够的动力。因此,留守初中生的父母需要首先了解孩子目前的学习情况,和教师、孩子一起确立合理的学习目标。父母要看到孩子的长处,接纳孩子的不足,设定目标要因人而异,不与其他孩子攀比。要根据孩子的长处和不足,设定适合他的目标,这个目标是他"跳起来就能摘到"的桃子,而不是树顶的桃子。如果孩子的学习动机已经受损,目标就更要低起点,让他体会到成功的喜悦。

(2)科学用脑。对于学习疲劳的孩子,提倡科学用脑,每天要有一定的运动和从事兴趣活动的时间。这需要留守初中生的父母配合,首先不能要求孩子所有的时间都用来学习;其次回家的时候注意观察一下孩子的学习作息规律,建议孩子在大脑最清醒的时候抓紧学习,在大脑疲劳的时候(比如下午 1 点左右,晚上 11 点后)适度休息调整。

美国心理学家索里说过:"一次有高度动机的复习可能相当于十次消极的重复。"无论哪种情况,都要以激发学习动机为主来改变厌学情绪,帮助孩子健康成长。

小·贴士

科学用脑重要的一条,就是充分利用好每天的最佳学习时间段。人在一天的不同时期,大脑活动的效率是不同的,学习时间的最佳选择应该是一天中大脑最清醒的时候。

生理学家研究认为,一天之内有四个学习的高效期,如果使用得当,可以轻松自如地掌握、消化和巩固知识。

第一个学习高效期:清晨起床后,大脑经过一夜的休息,消除了前一天的疲劳,脑神经处于活动状态,没有新的记忆干扰。此刻无论认还是记,印象都会很清晰,学习一些难记忆但必须记忆的东西较为适宜,如外语、定律、历史事件等。有时即使强记不住,大声念上几遍,也会有利于记忆。所以,清晨是一个学习记忆高效期。

第二个学习高效期:上午 8 点至 10 点,人的精力充沛,大脑易兴奋,严谨而周密的思考能力、认知能力和处理能力较强,此刻是攻克难题的大好时机,应充分利用。

第三个学习高效期:下午 6 点至 8 点,也是用脑的最佳时刻,不少人利用这段时间来回顾、复习全天学过的东西,加深印象,分门别类归纳整理,也是整理笔记的黄金时机。

第四个学习高效期:入睡前一小时。利用这段时间来加深印

第三章 家中当有初中生

象,特别对一些难于记忆的东西加以复习,这样更不易遗忘。

除以上一般性的学习时间规律外,对于不同的人来说,还有自己独特的学习时间规律和习惯。为提高学习效率,要善于发现并充分利用自己独特的最佳时间段,同时,要养成在固定的时间进行学习的习惯。

2.要不要让孩子继续学业?

 留守初中生的故事

小辉是初中三年级的一名男学生,父母在他小的时候外出打工,每年春节才回来一次,他和奶奶生活在农村老家。

由于父母长年不在家,奶奶年纪又大了,对于小辉的管教不严厉,导致小辉一直是没有人对其进行教导,这让小辉变得爱打架、脾气暴躁、对人不友善、学习不努力,常常和老师顶嘴,和同学发生矛盾,渐渐地大家都不愿意和他往来,更加让小辉变得敏感和暴躁。

小辉中考没有考上县里面的重点高中,如果要继续读书就只能读一所很一般的中学。他的父母听说了小辉在初中时候的种种劣迹,想到反正儿子读书不努力,那就不如让他出去打工,还能减轻家庭的经济负担。但是小辉不想出去打工,他的父母就变得很矛盾,不知道到底该不该让他继续上学,害怕他上高中后变得和初中时候一样不认真读书,但是他又不愿意出去打工,让小辉的父母伤透了脑筋。

 教育有道

中华全国妇女联合会 2008 年发布的《全国农村留守儿童状况研

究报告》显示,15～17周岁组的农村留守儿童在校比例虽然较高,但与小学和初中学龄儿童相比出现了较大幅度下降。约三分之一的大龄留守儿童初中毕业后便外出打工,不再继续学业。

留守初中生的升学率低主要有三个原因:第一,成绩差的问题,这既有家庭方面的原因,也有教师方面的原因。到了中学以后,学习难度在逐渐增加,而留守初中生成绩差,有"三无"原因:一、无人管教,父母都不在身边,十多岁的孩子老人也管不了;二、无人指导,家里的老人文化程度低,有的甚至是文盲,老师又不能兼顾所有学生,没有人在学习上给他们以指导;三、无人鼓励,父母或者家人不重视,成绩不好,升学无望,也不重要。第二,受"读书无用论"的影响。有的留守儿童受到父母外出务工的影响,产生"读书无用论"思想,他们认为不读书也能挣钱,于是纷纷离校外出,走上了漫漫打工路。学校对此也无能为力,只能眼睁睁地看着他们一个个离开校园。第三,高中阶段不再是义务教育,读书会有更多的花费。

要不要让孩子上高中,留守初中生的父母考虑到了教育的成本,读高中要花不少钱,这是近期效益。但从更长远的角度来看,进一步的接受教育不仅是找个好工作的问题,还有孩子未来成长发展的问题。进一步的教育将锻炼孩子的思维,开阔孩子的视野,提升孩子的能力。同时,进一步的教育也在为孩子未来的职业发展储备知识和能力,在知识经济时代,没有知识和技能的孩子在未来的职业发展上会很受限制,职业选择面窄,专业能力不足。近期效益和远期影响两相权衡,父母需要在要不要让孩子读高中的问题上多一些思考。

教子有方 >>>

让孩子继续进行学习,需要孩子和父母共同努力,下面就列举几种措施。

第三章 家中留有初中生

（1）父母要转变自己的旧观念。留守初中生父母的支持对孩子继续学业、升入高中是非常关键的。如果父母坚持读书无用，粗暴地剥夺孩子读书的权利，甚至不再给钱读书，就可能直接断了孩子的前途，改变了孩子的人生。

（2）和孩子一起做决定。如果孩子自己愿意读书，想继续上学，那么父母就不要把自己的想法强加在孩子的身上，不让他们继续学业，而应该支持他们继续学习，既然他们自己能够认识到学习的重要性，说明他们在学习上就能尽自己最大的努力。如果孩子不愿意继续读书，留守初中生的父母可详细了解孩子不愿意再读书背后的想法，和孩子一起分析利弊，并提示孩子做出选择要考虑承受结果。

（3）想办法解决经济问题。如果说家长不让孩子读书是因为家庭的确很贫困，那么，家长可以为孩子申请贫困助学金，或者是寻求社会人士的帮助。可以利用传媒，将自己的家庭情况和孩子的情况反映给社会大众，寻求好心人的资助，帮助孩子完成学业。

小·贴士

职业教育是对受教育者施以从事某种职业所必需的知识以及技能的训练，因此职业教育亦称职业技术教育。职业教育是与基础教育、高等教育和成人教育地位平行的四大教育类型之一。职业教育与普通高中教育相比，具备以下特点。

（1）学习时间短。职业教育一般只有一年的强化学习时间，以实战教学为导向，强化训练符合社会、企业需求的专业人才。所以它的学习成本是很低的，而且见效快，可以快速解决就业、待业等问题。

（2）投资回报率高。一年的时间成本，1 到 2 万的资金投入。如果选择一个好的专业，可以在不到一年的时间收回成本，比如动漫游戏，"人才网"的薪资数据曾显示，国内动漫游戏类人才的平均薪资约为 6235 元每月,年薪在 6 万以上的人约占 45.4%。

(3)技能＋学历＋就业。职业教育采用的是"技能＋学历＋就业"的套读模式,在学习技能的同时也可以套读自考或者成教学历,技能和学历两不误,也为想报考公务员、研究生的同学提供了条件。

职业教育可以作为留守初中生继续学业的一种选择。与升入高中相比,经济成本和时间成本更小。留守初中生父母可以与孩子一起综合考虑。

三、关注孩子的行为习惯

初中阶段是生理、心理急剧发育、变化的重要时期，是养成习惯、接受道德、增长知识的重要时期。作为父母来说，培养孩子良好的行为习惯至关重要。

有人这样形容初中阶段行为习惯培养的重要性："12～15岁是人生的一个分水岭，未来孩子发展成什么样子，就看初中孩子的行为习惯怎么样。"

1.孩子爱打架，怎么办？

留守初中生的故事

利明（化名）是一个调皮的初三学生，平时经常不交作业，上课喜欢说话，值日也经常逃跑，是同学眼中的"逃跑大王"。他不听父母规劝，对父母的管教也很反感。

有一次利明带着一些同学去打别班的同学，老师打电话叫他的妈妈去办公室，妈妈批评了他几句，他就大发脾气，当着很多老师的面，对他妈妈大声吼叫，还当着老师的面打了他妈妈一巴掌。

老师问他为什么要打架，为什么要打那个同学，是因为和他有很大的仇恨吗？他说没有，只是觉得那个同学很"拽"，只是为了帮朋友出一口气，因为被打的那个同学之前打了利明的一个好朋友。

教育有道

利明这样的现象常被称为"校园暴力"，在当今的校园中频频发生,之所以如此,有以下几个方面的原因。

(1)初中阶段的学生生理发育加速,进入生理成熟状态,但是心理发展速度却相对缓慢。由于身心发展的不和谐和不平衡,引起了心理发展上的种种矛盾:心理上的成人感与半成熟现状之间的矛盾;在精神上想摆脱成人的束缚但又希望得到成人的支持和保护的矛盾;心理闭锁性与需要理解、交流的矛盾;要求独立自主与依赖之间的矛盾;自以为是与常常出现自卑感之间的矛盾。这一切都可能导致学生在情绪、情感、行为表现等方面出现问题,在情绪、情感上容易出现很大的波动,心理学家把这一时期的情绪比喻为"疾风怒涛";在情绪上还容易产生迁怒和移情,在行为趋向上有一定的危险性,往往引发暴力行为。

(2)缺乏自制力和情绪调控能力。缺乏自制力的学生,当遇到外界刺激时有可能引发其暴力欲望。他们大都是学业的失败者,不被校园主体文化所接纳,而内心又充满出人头地的冲动,这种矛盾容易引起暴力行为的发生。

(3)暴力游戏与灰色文学和影视的影响。网络的流行和普及让每个学生都有机会去接触网络这把双刃剑,网络游戏的打打杀杀,使他们对邪恶产生了认同和膜拜,不仅如此,他们还把这种暴力搬到现实中来,一旦和同学发生小矛盾就用暴力来解决,发泄心中的不快。另外就是灰色文学和影视作品的影响,学生长期处在打打杀杀的暴力片的视觉冲击下,是非分辨能力潜移默化地受到了影响,所以他们喜欢模仿电视、电影中的人物来显示自己有个性、有派头。

教子有方 >>>

(1)帮助孩子发展正当的特长爱好。当孩子全身心地投入自己擅长或爱好的事情中,很容易建立孩子的自信心,提升孩子的能力,形成良好的情绪状态,从而减少因缺乏自信、渴望被认可、情绪不稳

第三章 家中当有初中生

109

定等因素引发的暴力行为。留守初中生的父母要根据孩子的特点，引导他们发展适合自己的特长爱好。身体素质好的孩子，可向体育的方向引导，比如练篮球、乒乓球、排球、武术、健身操等；对于写字基础好点的孩子，父母可引导孩子钻研书法；喜欢电脑的孩子，父母可以引导他们学习制作幻灯片、动画，以至于学习电脑编程等等。

（2）要求孩子远离可能引发暴力的情境。避免去容易产生冲突的情境可以减少产生暴力行为的概率。因此，留守初中生的父母要就打架等暴力问题沟通，形成约定：晚上不要和同学、朋友三五成群地在一起闲逛，更不要到舞厅等灯光迷乱的地方去，也不要饮酒，尽量减少夜晚外出滞留的时间。父母还可以教给孩子一个控制情绪、避免暴力的方法，当孩子感觉自己控制不了情绪的时候，尽快离开当时的环境，等比较平静的时候再去处理事情。

（3）和孩子一起了解一些法律法规，引导孩子学法守法。暴力行为会受到法律的制裁。懂法才能守法，留守初中生的父母可以和孩子一起了解法律法规，特别是与日常生活关联比较紧密的法律法规，比如《中华人民共和国刑法》《中华人民共和国治安管理处罚法》等，从而为孩子的行为找到一把标尺，引导孩子有意识地约束自己的行为。

（4）父母要约束自己的行为，给孩子树立好榜样。父母经常使用暴力会促使子女性格粗暴、情绪压抑，并且产生崇尚暴力的心理。父母要求孩子有良好的行为习惯，首先自己要做到，树个好榜样。

小·贴士

《中华人民共和国刑法》第十七条规定："已满十六周岁的人犯罪，应当负刑事责任。已满十四周岁不满十六周岁的人，犯故意杀人、故意伤害致人重伤或死亡、强奸、抢劫、贩卖毒品、放火、爆炸、投毒罪的，应当负刑事责任。"

根据《中华人民共和国刑法》第二百三十四条规定："故意伤害

他人身体的,处三年以下有期徒刑、拘役或者管制。犯前款罪,致人重伤的,处三年以上十年以下有期徒刑;致人死亡或者以特别残忍手段致人重伤造成严重残疾的,处十年以上有期徒刑、无期徒刑或死刑。本法另有规定的,依照规定。"

根据上述法律条款来看,青少年打架斗殴是要受到法律约束的,青少年在做事前应考虑事情的后果,父母也要加强对孩子的相关教育。

2.孩子爱偷东西,怎么办?

 ## 留守初中生的故事

小涛,男,初一学生,学习成绩良好,性格活泼,喜欢与同学交往。但是调皮好动,对同学很不友好,常因小事情与同学发生争执,因此许多同学都不太喜欢和他一起玩。在家庭方面,家长对孩子学习成绩的要求较高,给孩子造成较大的压力。父母关系不好,意见不统一,常常发生争吵。

一次体育课,同学们都到操场上上课去了,只有小涛因为肚子疼一个人在教室。下课后,几位同学回到教室后发现自己带来的蚕不见了。科学课上,同学们发现小涛多了好几条蚕,但是他不承认自己偷了别人的东西,而且还编出一套谎话来欺骗同学。后来,在与老师交谈时,小涛才承认自己借体育课装病偷了其他同学的蚕。同时,他还承认自己曾经偷过班级书橱里的本子,同学们的文具,甚至进入办公室偷老师桌上的练习卷,等等。

某一天,老师接到小涛妈妈打来的电话,说小涛最近在家中的情况有所反常,常常去洗手,晚上躺着总是翻来覆去睡不着,好像有什么心事。妈妈轻轻地哭泣着说,孩子竟然对她说:"妈妈,我又想偷东西了，我控制不了自己。"小涛的妈妈十分痛心，不知如何是好。

 教育有道

小涛的这种偷窃行为在小学和初中都很常见。学生在成长过程中难免会犯错误，而当学生犯错误时教师如何教育学生，这很关键。学生犯错误都与他们平时的行为习惯有着密切的关系。类似于小涛的这种偷窃行为之所以发生，有以下几点原因。

(1)孩子本身有较强的占有欲望。婴幼儿对自己喜欢的东西都想占为己有，随着年龄长大这样的行为会越来越受到约束和教育，初中的孩子已经有正确的道德观，清楚偷盗行为是不道德的，甚至是违法的。但是，如果孩子从小就有爱夺拿别人东西的坏习惯，对于这样的行为如果家长并没有及时制止并进行教育，使得孩子根本没有意识到那是错误的行为，就可能进一步强化这一坏习惯。孩子的占有欲望不断地加强，最后只有靠偷取他人的物品来实现。

(2)受好奇心的驱使。正所谓人人都有好奇心，中学是孩子们对世界的认识还比较朦胧的阶段，他们有很强烈的好奇心，然而这些好奇心往往会驱使他们去做一些本不应该做的事情，如果这些行为得不到有效的抑制，会在他们的心理发展过程中埋下隐患，他们会觉得这种事情很好玩，而且又不会有人来责备他们，直到被人抓住，却为时已晚。很多成年人因为偷窃而被关进了监狱里，但是当他们从监狱里面出来，还是会忍不住做这些事情。

(3)发泄自己心中的负面情绪。有些初中生的偷盗是故意为之，他们通过偷盗发泄自己的负面情绪，甚至释放压力。

(4)攀比的心理。受社会不良现象的影响，初中生之间常有攀比的现象。他们的衣装，用的物品，都互相比较，在这种比较之下，经济条件差一些的学生，心中产生羡慕感和嫉妒感，就会想方设法提高自己的穿着档次，而偷窃往往是最快、最简单的办法。

教子有方 >>>

（1）父母针对孩子的偷盗行为，不能一味地严厉惩罚，可采取严厉惩罚和耐心教育相结合的方法。在教育引导过程中，使他认识到自己的行为是不好的，是得不偿失的，同时鼓励他努力克服、纠正偷盗行为，只要他以后不再偷盗别人的东西，老师、同学和家人仍会喜欢他、信任他，大家还是会爱他的。况且任何一个人不可能得到自己所希望的一切事物，不属于自己的东西绝对不能要，不能拿。

（2）奖励与惩罚并用。心理学研究发现，对某种行为直接予以奖励或惩罚是行为矫正的一种行之有效的方式。对于有多次偷窃行为的中学生，父母在对其教育的基础上，可以和他们约定，只要在一定的时间内不发生偷窃行为时，就予以精神上和物质上的奖励，这就是正面强化法，鼓励他们继续保持不发生偷窃行为的状态。另一种情况是，当他们在一定时期内又发生了偷窃行为，则应予以精神上的谴责以及物质和活动方面的限制，目的在于抑制偷窃行为。但是父母要尽量控制惩罚的力度，因为强烈的惩罚可能会使孩子产生不良的情绪反应。所以，惩罚要注意适度。对于奖励与惩罚的使用，留守初中生的父母与抚养者要达成一致意见，要防止老人对孩子格外宠爱，同时也不要粗暴地打骂。奖励与惩罚要用得适时、用得巧妙，这样对于矫正偷窃行为才会具有实在的效用。

（3）引导孩子形成"自我管理方案"。留守初中生的父母首先要协助孩子认清自己的偷盗动机是什么，有什么不能满足的需要；其次，协助孩子找出最易导致其偷窃行为产生的情境；最后，再帮助孩子找出克服偷窃行为的方法，例如，请老师和同学经常提醒他，请父母随时检查。利用自我核查、自我酬赏、自我契约等自我管理的策略来改变偷窃行为。

小·贴士

（1）教育需要保护孩子的自尊心。对于孩子偷盗行为的教育和矫正，要避免使用过激的语言和暴力行为，要注意不要当着很多人的面或在让孩子尴尬的情景下进行教育。这些都是对孩子自尊心的保护，初中生有强烈的自我意识，教育如果伤害了孩子的自尊，孩子的第一反应不是接受父母的教育，而是为扳回面子和父母对着干。

（2）为学生的将来考虑，处理这类事件最有效的手段是：真诚与尖锐的完美组合。父母在处理偷窃事件时要灵活，既要给孩子改过自新的机会，又要让他们感觉到这种行为的可耻。

（3）父母自身对偷盗行为要有正确的认识。由于受金钱的诱惑，有些父母对孩子的偷盗行为不仅不教育，甚至还唆使孩子偷盗。我国有句俗话："上梁不正下梁歪。"如果父母自身对偷盗没有正确的认识，自然无法教育好孩子。

3. 孩子迷上了网络，怎么办？

留守初中生的故事

小余是个正上初二的男孩子。由于父母均在外地打工，家里只剩年迈的爷爷奶奶，所以他成了留守在家的大儿童。他平时住在学校，一周才回一次家。

小余的学习成绩不好，两学年总成绩排名全班倒数第几名。在课堂上精神不集中，经常发呆，打瞌睡，整天无精打采，作业经常欠交或随便抄袭应付。小余很少与同学们交流，同学们也不喜欢跟他玩,他也觉得无所谓。对于老师善意的提醒,他也很少出声,点头答应,但就是不改,有时还会说谎,不希望老师与父母沟通他在学校的学习、生活表现情况。

近段时间有同学反映小余上网很厉害。他上自习的时候偷偷用手机上网、看小说、玩游戏,晚上宿舍关灯后他依然用手机上网至深夜两三点。有时,他干脆偷偷跑出学校到网吧通宵上网。

 教育有道

小余这样的情况在留守的初中生中很常见。第一,这样的孩子缺少与父母的沟通,容易产生孤独感,而网络交流工具给他们提供了结交更多朋友的机会,满足了其沟通的需要,这让孤独的留守儿童很容易迷恋上网络。第二,这样的孩子学习成绩不好,容易被父母、老师忽视甚至责备,容易自卑,而在网络游戏中他们的情绪能得到宣泄,在游戏中所扮角色的超凡能力也让他们获得了自信,往往沉浸在其中不能自拔。第三,这样的孩子缺乏约束和指导,父母远在千里之外,鞭长莫及,家里的老人又没有管教的想法和方法。同时,网络本身是一种现代工具,如果孩子使用网络没有得到成年人正确的指导,也容易沉迷于网络。

因此,当我们父母在因孩子沉迷于网络指责甚至打骂他们的时候,其实我们最应该反省的是该怎样教育指导他们健康上网,健康生活。

教子有方 >>>

父母因为工作不在孩子身边,并不代表父母就不能很好地教育和指导孩子上网。下面是几个有效的方法。

(1)学会使用网络。要教育孩子健康上网,首先我们父母应该了解网络,学会使用网络,尤其是初中学生的父母。初中生独立意识比小学生强很多,他们常常会觉得父母很落伍,与父母之间有代沟,父母根本就不能理解他们,包括上网这件事。为了能和孩子沟通与网络相关的事情,父母要掌握一些常用的网络应用,比如腾讯QQ、百度搜索引擎、微信、微博等。还可以经常到孩子常去的网站逛逛,尤其是了解孩子在网络上做什么。

(2)经常和孩子沟通增进感情。就如上述案例中的小余一样,因孤单而沉迷于网络的留守初中生还很多。他们不一定需要父母随时陪伴在身边,但是他们非常需要与人沟通。如果在现实生活中,在家庭里有父母和其他亲人,在学校有同学和朋友能经常和他们交流,他们将减少沉迷于网络的可能性。现在信息沟通的方式很多,也很便捷,父母亲除了通过电话、短信的方式与孩子保持经常的沟通,还可以利用QQ、微信等孩子喜欢的方式,实现与孩子更亲近的交流。

(3)经常和老师沟通怎样给孩子提供学业帮助。要减少学业困难初中生沉迷网络的行为,父母还需要关注他们的学业,想办法解决他们学习上的困难。在这一点上,父母需要做到有班主任老师的联系方式,定期联系,针对孩子的学业困难与老师讨论并制订学业帮助方案,积极配合老师的教育工作,返家后主动到学校与班主任老师面谈并表示感谢。

这样的沟通非常重要,如果不能帮助孩子解决学业困难,他们始终无法在学业上获得自信心,即便是老师和家长再怎么责骂,也很难激发他们的学习动机,转而便将时间精力投入网络游戏中。

(4)和家里的老人沟通,加强日常管理。父母不在身边,需要叮嘱家里的老人加强对孩子的日常管理。给家里安上座机或者给老人买部手机,定期打电话了解孩子的情况,并告诉老人应该怎么要求和管理孩子。请老人和班主任老师保持联系,及时了解孩子是否有迟到、早退或旷课的情况,尽早发现孩子出入网吧的情况,及时教育约束。如果家里有可上网的电脑,一定要把电脑放在公共区域,比如客厅里,不要放在孩子的卧室里。家里人可以观察到孩子的上网情况,如果发现孩子沉迷网络要及时教育约束。

小·贴士

(1)宜疏不宜堵。初中生自我意识很强,认为自己已经长大了,是成年人了,不喜欢被严格管束,逆反心理强。父母引导他们健康使用网络要特别注意方式方法,宜疏不宜堵,否则容易适得其反。

(2)家人的爱最重要。对孩子沉迷网络行为的教育引导首先建立在家人爱的基础上。平时,不管父母工作有多忙,都要关心孩子的生活,关注孩子的成长,增进与孩子之间的感情。不要等到孩子出现了类似于沉迷网络这样的行为时才来关注孩子。孩子出现一些问题后,不要只是一味打骂。分析原因,帮助孩子解决困难,引导孩子的爱的教育才是最重要的。

4.孩子学会了抽烟,怎么办?

留守初中生的故事

李某,男,15岁,初三学生,已经有两年的吸烟史。自从有了这个嗜好之后,他的学习成绩直线下降,而且还沾染了很多其他方面的恶习,经常扰乱课堂纪律、打架斗殴、上网等,被很多老师划定为最不好管理的学生。

经过长时间的调查得知,原来李某10岁的时候父母就离异了,父母各自又到新的城市建立了新的家庭,于是把他留在了外婆那里。如今,他已经在外婆家生活了近5年,外婆对李某的一些不好的行为虽然有所了解,也曾经进行过劝导,可是都不起什么作用。最初,李某吸家里的烟,后来外婆发现了就强迫李某的外公把烟戒掉了。可是,李某开始向同学要烟吸,有时还出入网吧,里面吸烟的中学生更多。外婆苦不堪言,找到了班主任。班主任与李某进行了一次长谈,李某对班主任说道:"老师,其实我也不想这样,可是我也是没办法。自从我爸妈离婚之后,只是每个月寄一点生活费,他们从来就没有管过我,把我扔在外婆那里,各自又有了新的幸福,而我却一个人承受着很多的痛苦。学校里别的同学无论是在学习、生活还是思想上,有困难的时候都有家长帮着想办法,我却不能。于是我很苦闷,很痛苦,既然他们都不喜欢我,那当初为什么还要我?我想报复他们,我仇恨周围的人。我经常打架,上网吧,搅乱课堂秩序,吸烟更是常事……"说到这里,李某已经是泪流满面了。

 教育有道

庞大的消费群体使中国成为"世界第一烟民大国",卫生部门近年所做的抽样调查显示,在大学、高中和初中的男生中,吸烟的比率分别高达 46%、45% 和 34%,全国中学生中平均吸烟率为 3.41%。我国烟民的平均年龄也在不断降低,初始吸烟的年龄 1996 年比 1984 年提前了 3 岁,年龄最小的烟民竟只有 7 岁。

医学界、卫生界纷纷呼吁:吸烟人群低龄化的趋势越来越严峻,全世界每年因吸烟死亡的人达 500 万之多,青少年控烟刻不容缓。面对屡禁不止的初中生吸烟现象和家长、老师茫然不知所措的哀叹声,我们需要反思,是教育的发展跟不上时代进步的步伐,还是教育工作者自身出了问题?从我国的情况来看,影响青少年吸烟行为的主要因素有下列三个方面。

(1)学生心理上的自我满足。中学生正处于青春期,心理上有较大的变化,容易对吸烟产生好奇心,特别是感到自己长大成熟了,像一个真正的男子汉了,心中就会想:"抽烟多神气,多有气派,这才是男子汉风度!"这种独立意识和成人感的需要,使得中学生容易产生吸烟行为。

(2)家庭的教育。现今留守初中学生的家长大多数文化程度低,小时候苦过,一门心思想赚钱。有的是单亲家庭,有的还是隔代教育,对孩子的关注程度不高,不是溺爱就是家庭暴力。等发现孩子吸烟时,其实孩子已经"上瘾",费尽唇舌进行教育,投入大量精力、物力,甚至是减少了孩子的零花钱,但是孩子还是照抽不误……还有一种情况,父母本身就抽烟,并不认为抽烟有什么不好,孩子自然也跟着养成抽烟的坏习惯。

(3)学校的管理。学校存在片面追求分数和升学率的倾向,对初中生抽烟喝酒等不良行为教育不够,管理不够。

教子有方 >>>

要让孩子改变抽烟的坏习惯,留守初中生的父母可借鉴心理学中的一些行为矫正方法。

(1)采取一定的措施,让孩子从喜欢吸烟转变为讨厌吸烟,一旦形成讨厌吸烟的倾向,孩子就不会再抽烟了。比如,父母可以让吸烟的中学生观看因吸烟死于肺癌的电影,或其他现身说法的教育场景,如某一次带他们去看因烟头而导致的特大火灾的现场,让他们看后确实感到害怕,认识到吸烟的危害性,从而厌恶吸烟。

(2)和孩子讨论吸烟和个人形象的问题。许多中学生吸烟是为了自我显示,表示自己具有真正男子汉的成熟形象,很有风度。因此,父母采取改变与吸烟有关的价值观念,和孩子一起讨论吸烟和个人形象的问题,引导吸烟的孩子认识到吸烟有损于中学生的纯真形象,吸烟只会让很多人产生恶感,显示出的是不良品行的倾向,这样,他们就会在新的价值观念的支配下,有效地做到不再吸烟。

第三章 中国留守初中生

(3)切断消极影响源。一部分初中生是在同学或同伴的吸烟行为的影响下开始逐步学会吸烟的。实际上,同学或同伴的吸烟行为成了一种强化因素。留守中学生的父母可采取切断消极影响源的措施,在一定时期内不让他们与吸烟的同学或同伴接触,实质上就是让他们不再有复发吸烟行为的机会。经过一段时间的巩固以后,他们已有一定的分辨力和抵制力,不易再受别人吸烟行为的影响。

(4)要支持孩子的戒烟行为。留守中学生的父母如果有吸烟习惯的,首先自己戒烟,以实际行动支持孩子的戒烟行为。同时,父母要请老师以及孩子的好朋友一起支持孩子戒烟,所有的支持和期望将形成一种无形的推动力量和监督力量,有利于防止他们吸烟行为的复发。

小贴士

一支香烟约含有 6 至 8 微克尼古丁,20 支香烟中的尼古丁就能毒死一头牛。尼古丁等有毒物质会破坏脑细胞的正常功能,使人头痛、失眠,记忆力下降;使血管痉挛,血压升高,血管壁硬化,诱发高血压、冠心病、脑溢血;使咽喉、气管、食管、肠胃产生慢性炎症;它还是致癌、促癌的主要元凶。处于青少年时期的孩子身体还处于发育阶段,身体的各种机能都在不断地成长,如果小小年纪就吸烟,对身体危害极大,比成年人受到的伤害更大。因此,远离香烟才能使孩子茁壮成长。

5.孩子早恋了,怎么办?

留守初中生的故事

王某,班上的数学科代表,学习成绩优秀,工作认真负责,活泼可爱,长得也很漂亮。平时爱说爱笑,大大咧咧,一个很普通、没有什么心计的女孩子,跟班里的男生女生都很聊得来。她成绩一直以来都很优秀,可到了初三成绩急速下滑。上课不注意听讲,不是瞅着篮球场发愣,就是拿着小镜子照来照去;要么整整衣服,要么捋捋头发,科代表的本职工作总是忘了做,表现反常。

有一天,她没来上课,让同学给她请假,班主任打电话到她家里核实情况,家长说:"她上学去了。"她竟然根本不在家,这时班主任突然意识到之前王某的异常举动。之前值班老师也曾向班主任反映,说她经常跟一个男生在一起,当时班主任没在意,因为她性格外向,平时总是和男生打成一片,这下终于明白了。

班主任想尽一切办法,终于找到了王某。和她谈了很多,谈人生,谈她的潜力,谈她的优势,谈她美好的未来,王娟感动得落下了眼泪。她告诉班主任她很困惑。

原来那个男生是隔壁班的,是校篮球队的,她说那名男生经常来找她,一开始也就是在一起玩,慢慢地自己竟在朦胧中恋爱了。父母知道后狠狠地训斥了她,没收了她的手机,还不让她迈出大门一步。

教育有道

孩子进入中学,青春期便开始了,他们渐渐有了特殊的情感体验,有的人开始对异性感兴趣,甚至产生思慕的心理。在这个年龄段男女生互有好感本来是很正常的,但初中生年龄比较小,他们不知道怎么处理"好感"这种特别的情感,有的孩子因此放弃了学业,热衷于结交异性朋友,对萌生的恋情不加以约束。有人将中学生"早恋"比喻成品尝青涩的苹果,意思是此时的恋情并不成熟,如果急于品尝,那么品到的酸涩要多于甘甜。然而,在当今中学阶段出现的心理问题中,异性交友是不可回避的问题,它给孩子的身心发展和学业带来了不良影响,是令父母和老师非常头疼的问题。

实际上,青春期的孩子对异性有一些朦朦胧胧的感觉是很正常的,说明孩子长大了,不再处于对男女关系无知的状态中,对自己的性别有了认同,对异性也产生了强烈的认识欲望,这与寻求数理化的知识没什么两样。如果孩子真的恋爱了,也大多是青春期的朦胧的、单纯的爱。他们对两性间的爱慕似懂非懂,不知如何去爱,只觉得和对方在一起很愉快,对方有吸引力,同时缺乏成年人谈恋爱对对方家庭、经济等多方面的深沉而理智的考虑。一般来说,女生早恋的较早、较多,这可能与女生发育较早有关。

初中生早恋主要有下列原因。第一,与孩子的家庭环境有密切关系。有的孩子生活的家庭缺少温暖,致使他们通过早恋寻求心灵慰藉,比如留守儿童就大多处于这样的家庭环境。有的父母对孩子态度粗暴,孩子和他们无法交流,只得去交友谈恋爱。第二,受不健康的书籍、光盘、网站的诱惑和影响。因为好奇,一些初中生从小摊上买色情小说来看,也爱读少男少女谈情说爱的故事,他们为追求刺激,盲目效仿。第三,情感宣泄。在当今应试的背景下,学校看重的是升学率,少有文化娱乐活动,而热衷于交异性朋友的孩子则通过恋爱来宣泄情感;有的还产生了炫耀心理,把有异性朋友作为引以为傲的"资本"。

教子有方 >>>

（1）父母与孩子讨论与爱情相关的问题。当孩子进入青春期，留守初中生父母可以对孩子进行一些适当的性教育、恋爱教育、婚姻教育，先打打早恋的"预防针"。当发现孩子有早恋的苗头时，家长不要惊慌失措，也不至于如临大敌，建议与孩子一起交流讨论怎样区分友谊与爱情，适当地向孩子讲讲爱情的社会道德性和爱情的权利与责任，使孩子对恋爱、婚姻有更进一步的认识。同时，要告诉孩子不能早恋的原因，要教孩子自尊自爱。

（2）对待孩子的早恋问题切忌态度粗暴、方法简单。如果发现孩子已陷入早恋，孩子对所爱慕的对象魂不守舍时，父母切记不能用讥讽、责骂甚至惩罚的方式来对待孩子，不能偷看孩子的信件，不能跟踪监视孩子，更不能冲到学校或对方家中，弄得满城风雨，这样做只会适得其反。最好的办法是理解孩子，体贴孩子，运用"冷处理"的办法。可以采取"跳""冻""隔"的方法。因为当孩子产生恋爱情感时，随着憧憬与激动，也会为伤感、社会环境压力，甚至性欲的纠缠而苦恼。父母不但要洞察孩子的这种内心情感，而且还要从旁加以引导，要耐心地倾听孩子的诉说，并给孩子以热情、严肃的忠告，让孩子"跳"出来，将感情"冻"起来，要告诉孩子初中生谈恋爱最后"终成眷属"的还不到 3%，成功的可能性非常小，早恋对中学生的学业有影响。应尽量把两个孩子"隔"起来，少接触。家长的教育既要和风细雨，又要有一定严肃性，不能埋怨、责备，因为要帮助一个孩子走出早恋的困惑是需要一定的时间的。

（3）给孩子足够的时间。罗密欧与朱丽叶相爱，由于双方家族是世仇，他们的爱情遭到了极力阻挠。但来自家庭的压迫并没使他们分手，反而使他们爱得更深，直到殉情。这样的现象我们叫它"罗密欧与朱丽叶效应"。所谓"罗密欧与朱丽叶效应"，是指当出现干

扰恋爱双方爱情的外在力量时,恋爱双方的情感反而会得到加强,恋爱关系也将因此更加牢固。一些父母发现自己的孩子出现早恋现象时,往往会马上想办法把他们拆散,这样处理,不但不能达到目的,反而可能使他们的关系更加牢固。因此,建议家长在处理此类问题时,一定要"晓之以理,动之以情",别太心急,要给孩子足够的时间来处理。

(4)满足孩子对爱的需求。很多孩子之所以早恋,是因为他们缺少爱,所以拼命地寻求爱,当孩子无法从父母那里获取爱的时候,他们就会转而从其他人身上寻找爱,这时早恋就产生了。因此,当孩子早恋的时候,留守初中生的父母应该反思一下:我给了孩子多少爱?同时需要特别注意,离家不离爱。

(5)鼓励正常的男女交往。青春期教育专家提出,预防早恋使用堵的方法是不行的,相反要鼓励孩子正常的异性交往。集体的异性交往增进了友谊,满足了孩子的心理需求,同时也是安全的。相反,如果禁止异性交往,就逼迫孩子将集体交往转到两人之间的交往,转入地下的隐蔽交往,这样反而更危险。

小·贴士

下面是孩子可能早恋的10种信号,提供给父母及孩子的抚养者参考。

(1)孩子变得特别爱打扮,注意修饰自己,常对着镜子左顾右盼。

(2)成绩突然下降,上课注意力不集中。

(3)活泼好动的孩子突然变得沉默,不愿和父母多说话。

(4)在家坐不住,经常找借口外出,瞒着父母到公园、歌厅等场所,有时还说谎。

(5)放学回家喜欢一个人躲在房间里,或待在一边想心事,时常走神发呆。

(6)情绪起伏大,有时兴奋,有时忧郁,有时烦躁不安,做事无耐心。

(7)突然对描写爱情的文艺作品、电影、电视感兴趣。

(8)突然喜欢谈论男女之间的事。

(9)背着家长偷偷写信,写日记,看到别人就赶忙掩饰。

(10)常有异性打来电话,经常收到信。

6.孩子乱花钱,怎么办?

留守初中生的故事

初三的学生小张,寒假过后刚开学就频繁参加同学的聚餐,一千多元压岁钱全部花光后,就开始向父母不停要钱。小张的父母长期在外地,为了弥补对他的亏欠,在钱方面都是有求必应。但是最近觉得孩子要钱越来越频繁,金额也越来越大,忍不住责备他乱花钱。小张却振振有词地说:"我花这点钱算什么,我们班的很多人比我花的多得多。我已经很为你们考虑了,我早就看上一双阿迪达斯的鞋子,才1000多块,我还在犹豫要不要让你们买,我们班几乎每个人都有阿迪达斯的鞋子。"

教育有道

初中生乱花钱的现象比比皆是。这个现象背后的原因主要有三个。

(1)学生间的互相攀比。攀比心理通常以"自我"和"虚荣"为基础,追求的是"别人有的我要有,别人没有的,时尚的东西我也要有",以显示我和你有"公平"的待遇,甚至我比你好,从而获得心理满足感和优越感。中学生处于人生的特殊阶段,身体迅速发育,对身边的新生事物天生好奇,由于思维能力的欠缺,往往做出错误的选择。若不加以正确引导,虚荣心会逐渐膨胀,必然导致缺少理性的盲目攀比。

(2)初中生缺乏理财的观念和能力。很多的家庭缺乏理财的观念和能力,更没有给孩子进行过关于理财方面的教育。而理财能力是孩子在日常生活中必须具备的一种重要能力。没有理性的消费观,没有基本的理财能力的初中生很难较好地管理自己的钱物,具体的表现就是乱花钱,有钱的时候大手大脚,没有钱的时候四处借钱,或向父母伸手要钱。

(3)父母或家人的不良教育方式。初中生乱花钱与父母或其他家人的不良教育方式有密切的关系,从某种角度来说,是大人"培养"了孩子的这种不良行为。比如,有的父母从小以钱来刺激孩子的行为,常对孩子说:"如果你考试考好了,爸爸就奖励你100元""只要你听妈妈的话,你要什么妈妈给你买什么"。有些父母或老人溺爱孩子,对于孩子的要求有求必应。孩子从小在这样的教育下长大,大人给的钱越多,孩子的欲望越大,越不能控制和管理自己的消费,越不会懂得感恩。

教子有方 >>>

"冰冻三尺,非一日之寒。"孩子在初中阶段自我意识已经非常强,行为习惯也基本定型,因此,要改变孩子乱花钱的行为,留守初中生的父母需要讲教育策略,单纯的说教很难有效果。

(1)转变认识。留守初中生父母如果真的决定要教育孩子乱花钱的行为,必须首先转变教育观念,不再随便使用钱来强化孩子的行为。同时,转变自己的消费观念,给孩子树立理性消费的榜样。

(2)第一个策略:邀请孩子一起来理财。如果说教没有效果,不妨"曲线救国",换成邀请孩子一起理财的方式。和孩子一起设定理财的目标,比如让压岁钱钱生钱,为了增加趣味性,还可以利用初中生好胜不服输的特点,和孩子比赛谁能使钱变得更多。用这种方式吸引孩子开始关注理财,反省自己的消费习惯,最后自觉地调整自己的消费行为。在这个过程中,还可以给孩子提供一些关于理财、消费方面的书籍或资源,将孩子引入理性消费的主题中,在了解和学习这方面知识的过程中开始调整消费行为。

(3)第二个策略:变无私奉献为适度供给。通过第一个策略,孩子已经开始反思自己的消费行为后,父母可以开始实施第二个策略,逐渐减少给钱的数量,直至能保证孩子的基本学习生活所用即可。父母甚至可以鼓励孩子自己想办法解决钱的问题,不是说一下子就让孩子背负经济的压力,孩子挣的钱不在多,而在于孩子想办法的过程,这个过程中学生会主动去思考自己的不良消费行为,开始自觉地做调整。父母还可以以自己勤俭持家的行为言传身教。

(4)密切联系孩子的抚养者和学校的老师。留守初中生父母通过和孩子抚养者和老师的联系,首先可以掌握孩子的情况,更重要的是清楚哪些是孩子需要花费的钱,包括生活中需花费的,学习需花费的。要防止孩子以各种名目,特别是以学校收费为名向家长要钱。这既增加了家长负担,也损害了学校的声誉。

(5)对孩子的盲目攀比要教育。引导孩子同自己比,不断超越自我。引导孩子客观认识自己,别总是拿自己的短处与别人的长处比,形成自卑心理;也别总是拿自己的长处与别人的短处比,形成自负心理。

小·贴士

家长在孩子花钱的问题上,一定不能心慈手软,而是要坚持原则,视家庭经济状况,把好孩子的消费关。对孩子花钱上的节制,并

第三章 家中留有初中生

不等于克扣,而是要酌情处理。引导孩子计划开支,合理花钱,让孩子从小就懂得生活的艰辛和自食其力的重要。

下面介绍父母怎样通过压岁钱对孩子的消费行为进行教育。对于压岁钱这一笔特殊的零花钱,在孩子得到压岁钱后,可以从下面这几个方面着手来处理。

(1)如果孩子自觉地把压岁钱交给父母保管,父母们就一定要给他们存进银行,而不是偷偷地拿去用掉。

(2)如果孩子得到的金额较大,让孩子把钱存进银行,把银行卡关联上父母的电话,这样父母就可以及时地知道孩子的花费情况,如果某一笔花费很多,父母就要及时地询问。

(3)可以告诉孩子,得了压岁钱后,开学了就暂时不给零用钱,压岁钱自己分配,如果春节期间花完了,那么上学后就会过得很拮据,父母不会另外给他们零花钱。

7. 孩子离家出走,怎么办?

留守初中生的故事

小畅,女,14岁,初二,父亲在工地干活,母亲在大学做外卖。从4岁开始小畅便和姥姥、姥爷生活在一起。虽然小畅的父母不在孩子身边,但特别注重孩子的学习成绩,父母花很多钱把她转入重点中学,又花高价请了两位家庭教师,自己却省吃俭用,受苦受累,连电视也不看,只求孩子学习成绩好,成人成材,为父母争口气。

可让父母没有想到的是,他们吃苦受累,有一天小畅居然离家出走了,临走前她留给妈妈一张纸条:"妈妈,我不想上学了,我达不到你们的要求,我对不起你们,原谅你的女儿,我走了。"原来,父母对小畅的期望值特别高,但又没掌握科学的教育方法。孩子出走之前,因一次小考没考好,被妈妈狠狠骂了一顿,还让姥姥姥爷不让她出门,不让她看电视和看课外读物,关在房间里整整做了一天数学题。孩子不堪忍受,便决定一走了之。

 教育有道

中学生离家出走的原因多而复杂,大致有以下几种类型。

(1)厌学寻乐。有些学生自制能力很差,又缺乏学习的动力,对学习不感兴趣,厌烦读书,学不会也不想学。还有的初中生背负了巨大的学业压力和父母的期望,感到无法达到就选择离家逃避。

(2)消极逃避。有的学生在家得不到家长的关心爱护,在学校得不到老师的关注,得不到同学的信任,便会产生悲观情绪,产生消极逃避的思想而离家出走。

(3)厌恶家庭。家庭不和,父母争吵、分居、离婚,会使孩子感到难堪、屈辱和痛苦,感受不到家庭的温暖和父母的爱。他们为了弥补在家庭中失去的温暖,解除心中的烦闷,满足内心的需要,就会到处于相似环境的同伴那儿去寻求温暖和爱。他们有共同的心理、共同的感受、共同的语言,他们常会在一起计划离家出走、独立生活来改善处境,他们在这种心理的触动下,在某件不顺心的事件的触发下就会离家出走,以摆脱不利环境。

(4)逃避惩罚。初中生自尊心很强,最怕在同学面前丢面子,有的学生一旦在校犯了错误,如果班主任或学校工作方法不当,学生害怕学校处分又不敢告诉家长,当精神压力超出学生心理承受能力时,便会产生离家出走,到外边暂避风头的行为。有的老师当众打骂、侮辱学生,也会使学生产生一种羞辱感,觉得无脸见人,也会导致离家出走行为的发生。

(5)赌气逞能。中学生正处在青春发育期,成人感增强,他们愿意用自己的行为证明自己已经长大成人,有能力也有本领管理自己,不愿听家长和老师喋喋不休,尤其不愿意别人当面挖苦自己,赌气到外面闯荡,梦想有一天混出个样子来给家长或给周围的人看,想以此来证明自己的能耐。

(6)寻师学艺。有的初中生由于受某些电影、电视或武侠小说的影响,一心想学武练功,于是离家出走,外出寻师学艺。

(7)哥们义气。初中生最容易讲义气,可以"为朋友两肋插刀",宁肯不服从父母和老师,也不愿违背伙伴的意见。有的学生本人并不想离家出走,可是好朋友犯错误要出走,为了表示够朋友义气,也就陪着走一遭。

(8)威胁家长。有的学生由于某些要求得不到满足,或者对于家长逼迫学习过紧而产生反感;有的对教师批评不满,对老师有意见,为了威胁家长和老师而出走;有的学生直接跟家长讲:"你再批评我,我就出走",以此威胁家长;有的学生并不真正出走,只是在同学家住几天,制造一种紧张气氛,使家长和老师屈服。

留守初中生可能会遇到厌学、家庭氛围不好、父母关心不够、同伴的不良影响等各种情况,离家出走的情况不在少数。

教子有方 >>>

(1)营造良好的家庭氛围。留守初中生父母要尽量营造良好的家庭氛围,虽不在身边却关心不断,上敬老人下爱孩子,尊重孩子。当孩子犯错误时不要过多地责备,讲大道理,更不要用言语伤害孩子的自尊心。在孩子出现困难时,要注意不要说孩子无用,没有处理事情的能力,而是应该尽量鼓励孩子锻炼自己处理事情的"胆量"。

(2)培养孩子的自信心。要提高孩子的自信心,家长可以按照以下步骤逐渐帮助孩子建立自信心:第一步,列出让他感到自卑或不安全的因素,与他讨论并总结其中的经验教训,探讨解决这些问题的办法;第二步,让孩子列出自己的强项、兴趣或积极的方面,并鼓励孩子用积极的自我对话建立成功的意象;第三步,让孩子为自己布置一项他认为难度不太大的任务,制订相应的实施计划,并通过自己的努力去完成,任务完成后父母要鼓励,然后再进一步设置其他难度更大的任务;第四步,建议孩子每天都对镜子说一句赞美自己的话,同时家长还要经常肯定孩子各个阶段所取得的成绩,并经常提醒孩子过去取得的成绩,这样就会让孩子在父母的鼓励和帮助下逐步增加自信。

(3)多倾听孩子的心声。家长要耐心地和孩子交流,多倾听孩子的心声,投入到孩子的内心世界中去,感受他们的情感。事实和经验告诉我们,靠尊重和理解才能建立有效的沟通和教育引导的渠道。

小·贴士

父母教育孩子宜注意以下方面。

(1)家长需要接受孩子"不太好管理"的现状。孩子不再是当初那个念幼儿园、爱牵父母手的小朋友了,而是一个刻意与父母保持距离的"大人"了。孩子追求的是平等、自由、独立、尊重,家长要尽可能满足与支持,而不是打击与管制。

(2)家长需要学会适当示弱。主动让孩子担当责任,甚至有针对性地让孩子去冒险。当家长有意识退后,孩子才能向前走;当家长有意放手,孩子才能有机会出手一搏。

(3)家长要悉知,孩子犯错是成长的必然成本。人的成长一定会有成本,包括金钱、痛苦、损失等。如果家长让孩子一贯走的是星光大道,以后走羊肠小道就会不适应;如果家长不接受孩子犯错,孩子就会缺少面对错误的勇气与技巧。要知道,人犯错才会成长,成长的过程中一定会犯错。

第三章 家中当有初中生

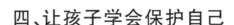

四、让孩子学会保护自己

当孩子到了初中阶段,安全仍然是一个需要关注和强调的问题。初中生与幼儿和小学生相比,更有自制力,身体素质更强,意外伤害事故和被拐卖发生的概率相对减少。但随着初中生与社会的广泛接触,被性侵犯、被骗、被毒品诱惑等安全问题却日益凸显。

1.让孩子避免性侵犯,怎么做?

 留守初中生的故事

15岁留守女孩婷婷被两名光棍汉多次强奸并怀孕7个多月。据婷婷的父亲讲,他和妻子长年在外打工,留下女儿婷婷和奶奶在农村生活。一天女儿突然辍学在家,说啥也不去上学了,而且突然变得沉默寡言。奶奶感觉婷婷不对劲,多次打电话催婷婷的父母回家看看。婷婷父母回来后,一直问婷婷到底怎么了,为什么不上学,是不是有什么事情。在父母的不断追问下,婷婷流泪说出了事情真相。去年10月份的一天,她在家洗碗时,远房叔叔卫某突然从身后抱住她,并捂住她的嘴巴把她强行拖到炕上强奸了。事后,卫某威胁婷婷不要对外声张此事。"他说如果我把这件事告诉了大人,就要杀我全家,我就没敢告诉你们。"婷婷哭着说。这时细心的母亲发现婷婷好像怀孕了,这无疑给本就悲痛的家庭更大的打击。

 教育有道

对青少年进行的调研显示,8%的青少年曾遭受过至少一次的身体接触性侵犯。初中生身体发育已经基本成熟,青春活力又天真烂漫,遭遇性侵犯是初中生面临的安全问题之一。

大量的性侵犯案例显示了性侵犯的以下一些规律。

(1)易受性侵害的女性。比如:青年女性,尤其是打扮时髦、身体暴露面积大的女性;外表懦弱、胆小怕事的女性;平时生活作风轻浮或是曾经有过性过错的女性;单身行走、逗留或独居的女性;处在不良气氛(如与他人共同观看淫秽录像)中的女性。

(2)一个典型的性骚扰或性侵犯过程往往总是从不那么露骨的性活动开始的,而性侵害对象最开始接近你的时候所表现出来的态度都是热情、友好、体贴,有时候会被认为是善于交际,或者对女性有好感而热心。但是细心的女性依然能敏锐地分辨出,哪些人是友好的,哪些人则别有意图。有的女生对陌生人有足够的警惕,但是对熟人却警惕心不足。据统计,性侵害案件中绝大多数是熟人作案,比例高达70%。侵害人一般都与受害人相熟,或者借用熟人的身份接近,比如同学、朋友、相识的长辈。

(3)不要以为有同龄女生在的场合就是安全的。青少年对于处理这类情景并没有太多经验,容易被气氛感染放松警惕,也容易因威逼、利诱、胁迫屈服。女性在面对危机的时候,其实是非常柔弱无助的,但是相对而言女性也有较强的危机直觉,因此我们要相信自己的直觉,在感觉到不可行的时候,就算没有明确理由,也应该坚决终止性接触行为,不要把自己推入无法挽回的危机中。

(4)不要存在侥幸心理,发生性侵事件后,认为可以用沉默平息事情。性侵害者是根据被害人的反应来选取侵害对象的。因此,被侵害人越沉默,越息事宁人,对方就越是会得寸进尺。

教子有方 >>>

在中国,性一直是人们避之不及的一个话题,所以,对于孩子的

第三章 家中尚有初中生

性教育一直处于一种停滞不前的状态,性安全的教育更是缺乏。留守初中生的父母需要高度重视这个问题,怎么让孩子避免受到性侵犯,可以从下面几个方面入手进行教育。

(1)告诉你的孩子有关性安全的知识。正如前面所提到的那些性侵犯的规律,父母要告诉他们哪些人容易遭受性侵犯,怎样去预防性侵犯。同时结合孩子的日常生活,对孩子的穿着打扮、外出时间、外出地点等提出建议和要求。如:外出时应了解环境,尽量选择安全路线行走,避开荒僻和陌生的地方;晚上外出时,应结伴而行;衣着整齐不外露;外出要注意周围动静,警惕陌生人的搭讪,如有人盯梢或纠缠,尽快向大庭广众靠近,必要时可呼叫;外出随时与家长联系,未得许可,不可在别人家夜宿;应该避免单独和男性在宁静、封闭的环境中会面,尤其是到对方家里去;家长不在家中时也不要将人带回家来;在外不可随便享用陌生人给的食品,谨防有麻醉药物;拒绝男士提供的色情影像和书刊图片,预防其图谋不轨;独自在家,注意关门,拒绝陌生人进屋,对自称是提供维修服务的人员也告知他等家长回来了再说。

(2)和孩子一起讨论遭遇性侵犯时的自我保护方法。从安全的角度和孩子一起讨论:如果我遇到这样的事情,我应该怎么保护自己。父母可以从新闻媒体报道的事件引出和孩子之间的讨论,让孩子提出自己的办法,并和孩子讨论这些方法的可行性和效果,最后给孩子提供比较好的处理办法。比如:

咬,犯罪分子施暴时常先将女性的双臂缚住,此时在不得已中应抓住时机咬住其肉体不松口,迫使其就范。

喊,常言道:"做贼心虚。"犯罪分子在实施犯罪的过程中,心虚的很多。别小看喊声带来的风吹草动,它就有可能阻止犯罪分子的主观恶性继续加深。假如犯罪分子正处于犯罪初始阶段,女性应当大声呼救,以求得旁人闻警救助。

撒,若只身行路遭遇犯罪分子,呼喊无人,跑躲不开,犯罪分子仍紧追不舍,女性可就地取材,抓一把沙土撒向犯罪分子面部,这样做可以抢出时间,跑脱后再去寻求帮助。

踢,面对一时难以制服的犯罪分子,可以拼命踢向他的致命器官,这样可以削弱他继续加害的能力,这一手不少女性在自卫中使用过,极见成效。

认,受到犯罪分子不法侵害时,女性应瞪大眼睛,记住犯罪分子的面部和体形特征,多记线索,以便报案(争取在 24 小时之内)时提供给公安机关。

抓,使劲撕仍不能制止加害行为时,可以向犯罪分子的面部、要害处抓去。抓时只有抓得狠、抓得死,将其抓破,才能达到制服罪犯、收集证据的目的。

小·贴士

(1)给孩子提供性健康教育。安全教育只是性教育中一个方面的内容,对于留守初中生的父母来讲,科学地给孩子进行性健康教育非常必要。初中年龄段的孩子处于比较敏感的年龄,对于异性开始产生好奇心,如果性健康教育没有跟上就很容易发生事故。

(2)坦然地和孩子谈性。在和孩子沟通的时候,不要刻意地去避免谈论性方面的问题,而是应该鼓励孩子学会向父母询问此类问题,父母在向孩子讲解的时候不要觉得害羞而说不出口,应该坦然地和子女讲述这类问题。与其让孩子偷偷摸摸地从黄色书籍、黄色视频当中去了解性知识,还不如科学地与孩子交流这个话题。

第三章 家中留有初中生

135

2.让孩子避免被骗,怎么做?

 留守初中生的故事

小云是某地初中二年级的女学生,虽然父母外出打工不在家,但是从小父母对她很重视,悉心培养她学习美术、音乐和舞蹈,她本来是一个多才多艺、人人称赞的好学生,在初中二年级的时候认识了一个高中的学长,学长对她展开了热烈的追求,小云想都没想就轻易地相信了他,等到接触后才发现,那个高中的学长是一个不学无术的小混混,跟着他混的兄弟有很多,学长带着小云逃课、打架、吸烟、欺骗父母,渐渐地,小云成绩下降了,当小云的父母发现这一情况后,要求女儿和那个混混分手,小云就用自杀的方式逼迫父母让步。后来,小云又在男朋友的教唆下,跟他离家出走,放弃了学业,到处骗钱,成为一个女混混。

本来是一个人人羡慕的好女孩,结果被人骗了,不仅丢失了美好的前程,让父母伤心,还让自己沦落到如此地步,真是让人唏嘘不已。

教育有道

初中的孩子对于辨别好人和坏人的观念还不太成熟,防范意识很差,警惕性不高,容易轻信别人的话,很容易上当受骗。留守学生更是如此,父母长期不在家,爷爷奶奶年纪又大了,往往不能及时地注意到孩子的情况,孩子本来就缺少关心,变得很敏感脆弱,如果这个时候有一个人对他说一些花言巧语,很容易就会取得孩子的信任,一旦轻易地相信了别人,行骗人就可以开始行动,从而引发严重的后果。

由于初中孩子心理发育不完全成熟,自控力不强,所以特别容易被人欺骗,再加上初中的孩子也具有羞耻心,当他们发现自己被骗时,出于"面子",他们往往不会轻易地告诉家长,而是自己闷在心中,久而久之对于孩子的心理也会有影响。

总而言之,这个阶段的孩子是极易受人欺骗的,父母要加强对孩子的监督引导,尽量避免孩子上当受骗。

教子有方 >>>

初中的孩子总的来说都是很单纯的,对于一些花言巧语根本不能进行辨认,很容易上当受骗。为了防止孩子们上当,可以从下列几个部分入手。

(1)告诉孩子不要轻易透露自己的信息。初中阶段的孩子自我意识很强,他们对于自己所谓的"尊严"很是看重,所以,在平时与人交谈时,很喜欢谈论自己家庭的收入情况,一旦被有心人听到了,就会引起不必要的麻烦。父母在平时的教育过程中要告诉自己的孩子,不要轻易向别人透露自己的信息,要有自我保护的意识。

(2)多关心孩子的情况。如果孩子不在自己的身边,一定要和孩子保持联系,随时关心孩子的情况,多和孩子谈心,成为孩子的朋友,让他愿意拿所有的事情和你分享,只有清楚了孩子接触的是哪些人,才能采取一定的措施保护孩子的安全。

(3)多给孩子讲述一些有关上当的事例。在平时的教育中,家长就要注意给孩子多灌输一些防骗的措施,并给孩子讲述一些有关上当的事例,既能让孩子结合生活中的一些发生过的事情提高自己的警惕性,也能让孩子遇到类似问题的时候有解决的办法,减少上当的概率。

(4)家长要注意自己的教育方式。初中这个时期对于孩子来说

第三章 家中当有初中生

137

是一个很特殊的阶段,他们有逆反心理,如果教育方式不对,结果往往会适得其反。在教育孩子的过程中,我们要经常教育孩子社会是美好的,很多人都是善良的,但是,也要教会孩子凡事多留心观察,不要轻信陌生人,在教育的时候家长要有耐心和毅力,不要因为孩子的一些话语而生气,对孩子进行适当的引导才是最重要的。

小贴士

(1)不要随意责骂。多关心孩子,就算孩子受骗了也不要对他进行责骂,而是通过这个机会让孩子真正认识到上当受骗的后果,俗话说:"吃一堑,长一智。"这样他才不会犯第二次错。

(2)让孩子学会辨别好坏。孩子之所以上当,很大的一个原因就是缺乏社会经验和辨别能力,所以,在生活中要有意识地培养他们的辨别能力,做好自我保护。

3.让孩子避免接触毒品,怎么做?

留守初中生的故事

15岁的小明是某地初中的一名学生,由于父母外出打工,他是由奶奶带大的,虽然从小调皮捣蛋,但是成绩一直以来都还是不错的,没怎么让奶奶操心。

这个年龄的孩子,喜欢打游戏的很多,当然,小明也不例外。有一次,在游戏机房里,小明认识了一群"哥们",他们掏出了一种白色粉末,围坐在那里吸食,一副"飘飘欲仙"的样子,一下子就引起了小明的好奇。当"哥们"怂恿他尝一口时,小明毫不犹疑地伸出了手,有了第一次,就有了第二次、第三次。后来,为了弄钱吸毒,小明学会了说谎骗钱,心思也不放在学习上了,甚至骗起了低年级同学的钱,最后,小明的行为被家人发现,把他送进了戒毒所戒毒。

教育有道

这个小小年纪的"瘾君子"让我们在叹息之余,更为他对毒品的不正确认识而痛心。国家禁毒委员会办公室的数字表明,我国最近几年青少年吸毒的比例在吸毒人口中始终占 80% 左右。从这个数字上来看,青少年吸毒是一个很严重的社会问题,由此也可见中国教育缺失的一面。

青少年时期的孩子们正处于心理和生理波动的阶段,喜欢追求新颖和相互模仿,容易轻信别人,再加上一些青少年缺乏法律知识,意识不到毒品的危害,很容易受到毒品的"腐蚀",不能自拔。

父母在教育孩子认识毒品的危害方面应起到至关重要的作用,良好的家庭环境也是让孩子健康成长中很重要的一环。拥有一个良好的家庭环境,可以使孩子形成良好的品格。不好的家庭环境则往往是导致孩子犯罪的"温床"。同时,父母自身的行为也会影响孩子,据调查,如果父母有吸毒的历史,那么孩子吸毒的机会就比不吸毒的家庭的孩子要高得多。

所以,父母要合理引导孩子健康生活和学习,为孩子创造出良好的家庭环境。帮助孩子树立正确的人生观、价值观,要让他们知道毒品的危害有多大,从而远离毒品。

教子有方 >>>

保护孩子,远离毒品,可以从以下几方面入手。

(1)父母做孩子的榜样。俗话说:"父母是孩子最好的老师。"父母想要把孩子教好,就必须给孩子做一个学习的好榜样,这样在教

第三章 家中当有初中生

育孩子的时候才显得"有底气",如果自己都做不到的事却要求孩子去做,父母在孩子心目中的威信就会大大降低,孩子对父母提出的要求就不会重视。所以,父母要对毒品有正确的认识,并且和孩子一起学习禁毒宣传知识,共同抵制毒品的危害。

(2)监督孩子的"交友情况"。"朋友"这个词对于每个人而言都是至关重要的。特别是初中这个如此特殊的时期,朋友更是能影响孩子一生的因素。这个阶段的孩子渐渐地想脱离父母的庇护,赢得同伴的信任,如果不慎交了一群不好的朋友,就容易影响孩子的一生。如果交一群好的朋友,他们则可以互相学习,共同进步。所以,父母在这个阶段要注意孩子的交友情况,一旦发现孩子"交友不慎",立刻就要采取合适的方法让孩子远离那些不好的朋友。

(3)处理孩子的"好奇心"。初中阶段的孩子具有强烈的好奇心,在对待毒品这个问题的时候,如果家长对孩子没有进行合理的疏导,未能使孩子的好奇心得到满足,便容易让孩子尝试接触毒品,所以,家长要及时告诉孩子毒品有哪些危害,不要因为一时好奇而危害终身。

(4)家长做好监督,及时发现,及时处理。在对待毒品的这个问题上,家长千万不能疏忽大意,一旦发现孩子最近有什么不同于平常的行为,一定要引起高度重视,做好监督的工作。如果发现孩子有吸毒的行为,一定要将孩子送到正规的戒毒所去戒毒,不能因为一时的不忍而放任孩子,只有正确地认识到这一点,才能保障孩子拥有一个美好的未来。

小贴士

很多时候初中学生吸毒只是出于一时好奇或者受人欺骗,他们自己对于毒品的认识本身就不到位。因此,不能光嘴上叫孩子禁毒,更要让孩子了解到毒品的种类和危害。

根据《中华人民共和国刑法》第三百五十七条规定："本法所称的毒品,是指鸦片、海洛因、甲基苯丙胺(冰毒)、吗啡、大麻、可卡因以及国家规定管制的其他能够使人形成瘾癖的麻醉药品和精神药品。"

毒品的危害可以概括为"毁灭自己、祸害家庭、危害社会"这12个字。具体危害为以下几点:

(1)毒品严重危害人的身心健康;

(2)毒品问题诱发其他违法犯罪,破坏正常的社会和经济秩序;

(3)毒品问题渗透和腐化政权机构,加剧腐败现象;

(4)给社会造成巨大的经济损失;

(5)青少年吸食毒品,会瓦解意志,造成犯罪。

五、异常情况

留守初中生的心理状况也是父母要关注的问题,孩子的心理是否健康?是否出现了异常情况?

抑郁症、强迫症、焦虑症等都是初中生常见的心理障碍,需要留守初中生的父母或家人对这些异常情况有一定了解,并能采取科学正确的处理方法。

孩子得了抑郁症,怎么办?

留守初中生的故事

小丽是个初一女生,她有很长一段时间都感到生活和学习没什么意思。她对学校的各种活动都失去了兴趣,不愿与人交流,不愿参加任何集体活动,整天待在宿舍里。老师和同学都以为小丽是心情不好,过一段时间就好了。可是只有小丽自己才知道,她非常痛苦,甚至觉得死了就解脱了。可是每次想到在外地辛苦挣钱抚养她长大的父母,她又一次一次说服自己打消了自杀的念头。

终于,班主任老师注意到了小丽的异常,因为一般的心情不好不应该持续这么长时间,而且她像变了一个人一样。班主任找到小丽,经过仔细的询问了解了小丽的状况,他感觉事情比较严重,第一时间联系上了小丽的父母。小丽的父母赶回老家,在班主任老师的建议下带着小丽去看了医生,诊断的结果让他们非常意外,小丽的异常情况不是身体的原因,而是得了一种叫抑郁症的心理疾病。什么是抑郁症?这个病怎么治?小丽的父母懵了。

教育有道

抑郁症是一种心理疾病。抑郁症发作有以下方面的主要表现。

(1)情绪低落。主要表现为显著而持久的情感低落,抑郁悲观。轻者闷闷不乐、无愉快感、兴趣减退,重者痛不欲生、悲观绝望、度日如年、生不如死。典型的抑郁症患者的情绪低落有"早晨重、晚上轻"的变化规律。在情绪低落的基础上,抑郁症患者还会出现自我评价降低,产生无用感、无望感、无助感和无价值感,常伴有自责自疚,严重者出现罪恶妄想,部分还可能出现幻觉。

(2)思维迟缓。抑郁症患者发病期间反应迟钝,思路闭塞,自觉"脑子好像是生了锈的机器","脑子像涂了一层糨糊一样"。可以发现他们的言语减少,语速明显减慢,声音低沉,对答困难,严重者连交流都无法顺利进行。

(3)意志活动减退。抑郁症患者还表现出行为缓慢,生活被动、懒散,不想做事,不愿和周围人接触交往,常独坐一旁,或整日卧床,闭门独居、疏远亲友、回避社交。严重时连吃、喝等生理需要和个人卫生都不管不顾,蓬头垢面、不修边幅,甚至发展为不语、不动、不食。

(4)严重的抑郁症患者常伴有消极自杀的观念或行为。消极悲观的思想及自责自罪、缺乏自信心可萌发绝望的念头,认为"结束自己的生命是一种解脱","自己活在世上是多余的人",并会使自杀企图发展成自杀行为。这是抑郁症最危险的症状,应提高警惕。

(5)抑郁症患者还可能表现出近事记忆力下降、抽象思维能力差、学习困难、语言流畅性差,空间知觉、眼手协调及思维灵活性等能力减退。

(6)抑郁症患者还有身体的不适,主要有睡眠障碍、乏力、食欲减退、体重下降、便秘、身体任何部位的疼痛等。

第三章 家中当有初中生

143

教子有方 >>>

抑郁症是一种疾病,需要依靠专业的医生治疗,留守初中生的父母在配合医生的治疗和保证孩子安全两方面起着关键的作用。下面介绍父母在孩子的抑郁症治疗中该怎么做。

(1)一定要送孩子去医院进行专业的治疗。很多父母不了解抑郁症,对孩子的异常情况不以为然,只当成一般的心情不好来处理。通常使用的方法就是给孩子做思想工作,让孩子凡事想开点,要开心一些,积极一些。对于患有抑郁症的孩子讲,这样的思想工作起不了实质性的作用,正确的处理方式是尽快带孩子去医院,由专业医生评估并制定治疗方案。父母需要做的就是配合医生的治疗。

(2)回到孩子身边陪伴他,确保孩子的生命安全。孩子患了抑郁症,父母一定要以孩子的健康和生命安全为第一大事,先把工作放一放,陪伴在孩子身边,确保孩子的身心健康。抑郁症患者常有自杀行为,父母在孩子治疗期间需要高度重视这个问题,确保孩子的生命安全。首先,父母如果发现孩子的情绪状态很糟糕,可以询问孩子是否有自杀的想法。一般情况下当父母问到这个问题,孩子都会告诉你,但是如果你不问,孩子一般不会主动告诉你,所以直接问可以确认孩子是否有自杀的想法。其次,父母需要注意孩子的言行变化,人在自杀前常常有言行上的变化,比如有类似告别的话语,有的甚至直接说出"我想死"之类的话。父母宁可信其有,因为这些言行变化在抑郁症期间很有可能不是玩笑话,而是孩子真实的想法。如果父母敏感地发现这样的言行变化,就有可能挽救孩子的生命。

小·贴士

父母、老师要了解抑郁症的临床表现,以及预防和应对方法。

对孩子的日常行为多加关注,如果孩子有疑似抑郁症的表现,应及时带其就医并采取相应措施。

下面附上美国新一代心理治疗专家、宾夕法尼亚大学的戴维博士设计出的抑郁症的自我诊断表"伯恩斯抑郁症清单",这个自我诊断表可帮助你快速诊断出自己是否存在着抑郁症。(打分规则:没有 0,轻度 1,中度 2,严重 3)

(1)悲伤:你是否一直感到伤心或悲哀?

(2)泄气:你是否感到前景渺茫?

(3)缺乏自尊:你是否觉得自己没有价值或自以为是一个失败者?

(4)自卑:你是否觉得力不从心或自叹比不上别人?

(5)内疚:你是否对任何事都自责?

(6)犹豫:你是否在做决定时犹豫不决?

(7)焦躁不安:这段时间你是否一直处于愤怒和不满状态?

(8)对生活丧失兴趣:你对事业、家庭、爱好或朋友是否丧失了兴趣?

(9)丧失动机:你是否感到一蹶不振,做事情毫无动力?

(10)自我印象可怜:你是否以为自己已衰老或失去魅力?

(11)食欲变化:你是否感到食欲不振或情不自禁地暴饮暴食?

(12)睡眠变化:你是否患有失眠症或整天感到体力不支、昏昏欲睡?

(13)丧失性欲:你是否丧失了对性的兴趣?

(14)臆想症:你是否经常担心自己的健康?

(15)自杀冲动:你是否认为生存没有价值,或生不如死?

计算方式:得分=已获总分/45×100(取整)

评判结果:53~62 为轻度抑郁;63~72 为中度抑郁;72 分以上为重度抑郁。

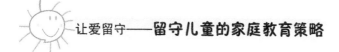

第四章　家中留有高中生

——16~18岁留守少年家庭教育策略

高中阶段是人一生中的黄金时期,这一阶段不仅是人生观、世界观形成的重要时期,而且是增长知识和才干的重要时期。高中生总体的心理特点是从更多关注外部世界到更多关注自己,他们对自己的内心世界发生了强烈兴趣,能够更加自觉地评价自己和别人的个性品质,但同时他们开始有了更多秘密,他们的心理开始具有闭锁性,不愿意别人过多地干涉和评价自己。容易感觉孤独,害怕寂寞,个性近乎成熟,但因为阅历不丰富所以个性还不完善。高中生处于少年期结束、青年期开始的阶段,个性心理发展有以下四个基本特点。

独立性。高中生不论是在个人生活的安排上,还是在对人生与社会的看法上,开始有了自己的见解,有了自己活动的空间。如:做事情不愿意让家长参与,不愿意让家长进入自己的房间,非常希望有单独的房间、有个人的抽屉,并喜欢把抽屉锁起来。这一阶段高中生的智力发展已接近成熟,思维正从"经验型"向"理论型"急剧转化,情感日益深厚、稳定,带有闭锁性。如:不愿意向家长、老师说出自己的想法,而是将其隐藏在内心世界里或记载到特殊的笔记本中。

不平衡性。在这一时期,高中生的生理发展迅速走向成熟,而心理发展却相对滞后于生理发展,他们的生理与心理、心理与社会关系的发展是不同步的,具有较大的不平衡性。他们缺乏理智、易冲动,在情感方面,他们则很脆弱。有的害怕挫折,意志薄弱,感情用事,承受不了打击,一回失败、一次考试成绩不理想,就不能正确面对,造成学习成绩直线下降,从而一发不可收拾。女生由于比较敏感,因此她们在情感方面比男生更脆弱。

逆反心理。逆反心理与盲目崇拜并存,青少年时代是学生个性形成的时期,也是身体发育趋向成熟的时期。在这个时期学生的心态发展有一个很明显的倾向就是逆反心理。他们对小时候所形成的权威观念予以强烈否定而走向另一个极端,对现存的一切,对已成定论的事实都要投以疑问的目光。另一方面他们又显示出盲目崇拜的心态。他们崇拜歌星、影星,成为校园里的追星族。逆反心理和盲目崇拜并存说明青少年学生的心理还处在成长期,心理状态起伏较大。

攀比心理。不挣钱却乱花钱,有的学生有个奇怪的嗜好,每天都要花上十几块钱才舒服,特别是在异性同学面前花钱,以此来显示自己大方。没赚钱时就已经养成了乱花钱的习惯,这是独生子女教养方式造成的消费特征。如:手机、名牌鞋、名牌衣服,互相攀比追潮流,同学之间过生日下饭店,讲排场,互送贵重礼物,出手阔绰,需用钱时就伸手找家长要。他们不了解家长的钱挣得不容易,不清楚家庭的真实经济状况。

总之,高中阶段是一个特定的年龄阶段,其心理处于半幼稚、半成熟的状态,具有明显的独特性和过渡性。这一阶段随着课业负担的加重、竞争的日益激烈,以及自身思维意识的发展,比较容易出现心理健康问题。

一、建立良好的亲子关系

高中阶段的孩子更加独立,孩子和父母之间的关系更类似于成

第四章 家中当有高中生

人与成人之间的交流沟通。

留守高中生的父母需要了解高中阶段孩子的特点,给予孩子充分的尊重,鼓励孩子的独立,建立良好的亲子关系。

1.孩子进入高中,父母没有在身边,怎么办?

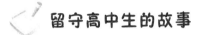

留守高中生的故事

小蒋是一名高三的学生。十几年前,在他很小的时候他的父母就离开家乡到广州打工,几年才回来一次。从那时起,小蒋便同爷爷奶奶相依为命。快高考了,父母对他寄予了很大的期望,想在高考前请假回家陪陪他,给他加油打气。刚开始,小蒋还很期待与父母团聚,可是由于分开太久了,小蒋发现自己跟父母同住感到很陌生、很不习惯,每天3个人除了吃晚饭的时候坐在一起说几句话外,几乎很少交流。没过几天,父母便回广州继续打工了,小蒋则希望高考快些来临,好考上大学,过自己想要的生活。

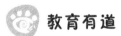

教育有道

孩子的成长需要父母爱的滋养,需要稳定的、持续的、经常性的交流。当家长因为生活不得不离开孩子时,必定会给孩子的成长带来深刻的影响。离开孩子时,父母应该告诉自己的孩子,自己在外面努力赚钱也是为了让孩子过上更好的生活,让孩子理解家境与现状。但是,与孩子沟通的时间间隔不要太长,以保证熟悉孩子的生活、教育情况以及孩子的心理变化。因为,孩子都是敏感的,父母的爱和支持是他们最好的学习动力。

教子有方 >>>

作为父母,在与孩子经历了很久的分离之后,为避免亲子关系的生疏,建议做以下几件事。

第一件事——拥抱

放下行李的第一件事,就是拥抱孩子,不管孩子多大了。孩子日夜思念的父母回来了,他的内心是非常开心的,但可能因为分离太久了,当父母真正站在他面前时,他会用陌生的眼光打量父母,一时还反应不过来。如果父母主动走向他,拥抱他,抱得更紧一点,更久一点,会迅速缩短与孩子之间的距离,找回从前的感觉。

第一句话——说出孩子的变化

仔细端详孩子,从头到脚,看着孩子时目光中流露出喜悦,是送给孩子最宝贵的礼物。可对孩子说:你长高了,你长大了,你变漂亮了……直接对孩子说出父母觉察到的变化,让孩子知道,尽管父母没有与他生活在一起,但他一直在父母的思念中。在父母的心里,一直记着离别时的自己。

当谈到孩子的学习时——平和沟通,关心过程而不是结果

父母最最关心的是孩子的学习。外出打工,当然不能以牺牲孩子的学习为代价。但在关心孩子的学习问题上应该做到关心过程而不是结果。把孩子的成绩放一边,问他是如何克服学习中的困难的,让他讲个例子,比如,碰到不会做的题目,父母又不在家,他是怎么想办法解决的。孩子讲一个有关学习的故事,父母都能从故事中看到孩子的努力、智慧和能力。如果他找到办法解决了碰到的困难,一定要问他是怎样想到这个好点子的,他肯定两眼放光地给你讲一个让他自信满满的故事。

小贴士

（1）孩子与父母绝不是从属关系，家长的责任是监护、教育，而绝不是命令、指责。把孩子作为一个独立的生命个体放在一个平等的位置上进行沟通，是家长们必须认清的关键点。

（2）爱、尊重和信任，是亲子沟通的基本态度。爱的表现为无条件的接纳，而悦纳则是更高境界的接纳。这里的尊重不单是礼貌，不单是不靠强权服人，更是对孩子思想的尊重。不因为自己的成熟而嘲笑孩子的幼稚；不因为自己的循规蹈矩而讽刺孩子的异想天开。信任就是力量，被信任的孩子有着强大的、自我成长、自我约束的力量。

（3）一定要言之有物。先确定好要探讨的问题和要传递给孩子的信息，内容切不可贪多，而且话题最好是孩子感兴趣的，可以参与进来的，因为沟通是双方的，任何一种一方讲、一方听的形式，都不能称其为沟通。

（4）注意沟通的方式和技巧。一是选择在双方情绪稳定的状态下进行沟通；二是选择孩子喜欢、认可的方式进行沟通；三是给予非言语沟通以足够的重视，家长的行为也是在传递信息，父母要学会处理自己遇到的现实或情绪问题，为孩子展现一个健康的行为模式。

（5）注重沟通的效果。及时对沟通的效果进行考量，因为这直接影响到教育的效果和亲子关系的发展。父母一定要就沟通的问题进行后续观察，认真履行自己的义务，与孩子共同努力。根据沟通的效果，家长要反思沟通环节是否出现了问题，能否弥补或改正等。

2.孩子不让我们过问他的事情，怎么办？

留守高中生的故事

小李是一名刚上高一的男同学，在他很小的时候父母便双双外出打工，所以他便一直寄养在姑姑家中，平时主要通过打电话与父母联系。

自从上了高中后，小李的性格不像从前那样活泼了，每周末回到姑姑家后就把自己关在房间里，不愿意和家里人交流，和父母通电话也不像以前那样无话不说。甚至，当父母问及其学习方面的问题时，他还显得很不耐烦，借口有事挂断电话。不过，细心的姑姑发现，小李每次接到同学打来的电话时，都显得特别兴奋，在自己的房间里与同学"煲电话粥"，有说有笑，当姑姑问他聊什么那么开心时，他却说没聊什么。

教育有道

有时候青春期的孩子有什么事不愿意和家长说，但是却喜欢和同学沟通交流，是很正常的表现，这是处在青春期的孩子的特点。他有长大的感觉，他不希望别人把他当成小孩看待；他有自己的秘密，他有自己的伙伴，他有自己的生活，他不希望别人干预太多。我们为人父母的，有时候总把孩子看成小孩子，没有把他看成一个已经长大的、独立的个人，所以孩子长大的时候，他需要你平视他，他需要你用商量的口气跟他说话，他不想你用命令的口气跟他说话。如果当他走近你的时候你总是去教训他，当他想沉默一下你又老是唠唠叨叨，他就会厌烦，你的很多想法他就不能接受，特别是当父母

第四章 家中当有高中生

151

去侵犯他的隐私的时候,他会非常愤怒,比如说偷看他的日记等。
再加之,现在的孩子因为吃得特别好而提前进入青春期,父母因为
压力过大而提前进入更年期,青春期碰撞了更年期,非常容易导致
矛盾加剧。

因此,作为父母,要接受孩子的成长,改变自己以往的教育方
式,尊重孩子的想法,加强与孩子的沟通。

教子有方 >>>

(1)转变对孩子的看法。不要把那个青春期的孩子当成小孩
子,而是要当成大人看,如果你有困难也可以请他帮忙,这样他就有
成就感。不要去过度地关爱他,过高的期望就是无望,过度的保护
就是无能,过分的爱就是无情,过多的干预带来孩子的无奈,过多的
指责带来孩子的手足无措。

(2)学会积极倾听。孩子并不是不想把心里话告诉父母,而是
有时候父母总是会在不同意孩子想法时匆匆打断孩子的话。因此,
无论是在电话里,还是与孩子面对面的交流,都要语气舒缓、语速适
中,让孩子觉得你很在意、很重视他的想法,要先做到心平气和地倾
听他,而不是以一种居高临下的态度命令指责他。

(3)鼓励孩子表达。与孩子沟通时,不要轻易打断孩子说话,要
了解孩子表达的重点,要用一些引导语帮助孩子找到谈话的中心内
容。比如:这件事你怎么看? 你最欣赏他哪一方面? 如果换作是你
你应该怎么做? 等等。

(4)真心包容孩子。青春期的孩子经常会一回家就躲进房间,
不与家长交流,有时候打电话也爱理不理。此时,父母要站在孩子
的角度换位思考,真心包容,多在生活方面嘘寒问暖,让你的关爱在
孩子的心中累积,这样他们会更加信任父母,感受到父母对自己的
尊重。

（1）掌握好教育的度。在和孩子的交流沟通中,对于孩子错误地解读别人的想法和做法以及他们自身存在的认识偏差问题,父母要及时地指出并教育,该批评的要批评,让孩子正视他人的看法,分清对错,引导孩子正确分析和评价问题。但要注意方法和场合,少用呵斥语气,更不能以简单粗暴的口吻说教。

（2）给孩子足够的尊重。对于这一阶段的孩子,父母要学会尊重他们,学会和他们交朋友,保护他们的自尊心。要熟悉他们的心理特点,尊重孩子的合理想法,鼓励其做得好的方面,让适度的关爱伴随孩子健康成长。

（3）要善于观察。这个阶段的孩子的独立意识是很强的,他们渴望摆脱家长的束缚,想成为一个能自己做决定的个体。因此,孩子一般不会让父母过问他们的事情,觉得父母问得太多的话就会控制他们的想法,替他们做决定。所以,父母不在家的时候要拜托家里人对孩子多加观察,及时发现孩子的一些异常行为,如果不能通过询问的方式来了解的话,观察法就显得很重要。只要做到及时观察,就能预防孩子的一些不好行为的发生。

二、帮助孩子思考未来

孩子在高中阶段面临人生第一次重要的选择和决策。读书还是就业？未来的路应该怎么选择？这些问题摆在每一个留守高中生和他们的父母面前。

父母需要和孩子一起思考,帮助他们澄清想法,做好选择。

1.怎样和孩子一起考虑将来？

 留守高中生的故事

小潘是一名高二的学生,父母在温州打工。为了让小潘接受良好的教育,小潘的父母为小潘报了各种学习培训班,培训班的时间占用了小潘所有的周末休息时间,让他觉得很累,但是他又不想辜负父母的一片心意,所以总是硬着头皮去上课。可是最近家里人发现,小潘总是没精打采,不愿意参加培训班,不愿意面对老师,不喜欢和成绩好的同学做伴,还表现出对成绩无所谓的态度。家里面的人把小潘的情况告诉了他的父母,父母及时和小潘进行电话交流,在和父母的沟通中,小潘说出了自己的想法,他觉得父母让他学的那些东西不是他感兴趣的,学得没有意思,也不是他以后想从事的方面,希望父母和他一起考虑自己的未来,不要帮他做出决定。

 教育有道

现如今,中国的家庭教育有一个很独特的现象,就是父母一味地为孩子做决定,不考虑孩子的想法,而孩子表面上服从父母的安排,但是在心里却很抵触这样的事情。因此,就容易导致家长只顾按自己的愿望培养孩子,孩子又为了迎合父母的期望选择放弃自己的理想,通过这样的方式来培养孩子只会让孩子更加找不到未来的方向,变得更加迷茫,不知所措。

高中阶段是学生心理发展即将成熟的阶段,认知发展已接近成人的水平,即将面临高考、就业等选择,是孩子人生重大的转折点。但是,由于处于青春期的缘故,高中生普遍自我目标缺失,他们在高考前学习的唯一目的就是上大学,学习是为了父母、为了老师,唯独没有考虑自己的个体需要,对自我兴趣、个性、价值观了解不够。另外,高中生的自我职业发展期望值过高,在规划未来时关注更多的是未来的薪金和福利待遇问题,没有把个人发展空间或者前景放在首要位置。再者,部分学校工作主要围绕学科考试进行,对高中生的职业生涯辅导关注很少。

教子有方 >>>

(1)帮助孩子了解不同职业的性质和特点。目前,我国学生大学阶段之前的学习主要内容还是以掌握知识为主,很少深入地了解和接触职业方面的信息,只是通过媒体或是道听途说获得一些肤浅的认识。但是要想让孩子在激烈的竞争中更胜一筹,父母就必须提前做好准备。因此,父母应该提前帮助孩子了解不同职业的性质和特点,这有助于孩子将来合理地选择适合自己的职业。

(2)多与孩子交流和沟通,引导孩子正确地树立人生目标。职业的选择是父母和孩子都应该着重考虑的问题。一般来说,父母和孩子在选择职业和专业时往往会出现分歧。父母认为自己的阅历丰富,有生活实践经验,而孩子则更多地考虑是否符合自己的兴趣,能否发挥出自己的特长和优势,进而实现自己的远大理想。其实,父母一定要认同的是：孩子的未来是否成功要靠他们自己去发展，父母不能代替他们去行动，所以孩子的兴趣、特长是关键，是孩子将来发展的核心。父母和孩子应该经常坦诚交流与沟通，尽量尊重孩子的意见。

（3）帮助孩子做分析、判断和选择。在这个信息高速发展的时代，职业分工越来越细致，专业性也越来越强，于是产生了不计其数的新职业、新专业，面对这么多的职业和专业，父母应该帮助孩子进行综合分析、判断和选择，与孩子一起平等地研究和探讨。

因此，父母在孩子的未来这个问题上，只能做参考者，具体的方向和目标还是要让孩子自己去思考，看看自己到底想要什么，而不是盲目地听从父母的安排。父母和孩子一起思考，一起商量，一起探索才能让孩子寻找到属于自己的那一条道路。

小贴士

父母帮助孩子判断、选择时要注意以下几点。

（1）要了解孩子，避免孩子过度自信，急于成功。高中阶段的孩子对自己的能力、水平往往还不能够客观评价，总希望自己能有所作为，年纪轻轻就想功成名就。在选择职业时一味追求大公司、名牌企业和热门职业，并自告奋勇要求负责超过自己能力的工作，误认为这样才是自己人生价值的体现，才是成功。然而，现实情况却与这种职业选择心理存在着较大的反差：一是热门行业人员供过于求，录用率相对较低，致使工作起来力不从心；二是"热门"愈热，"冷门"愈冷，为产业结构的调整增加了障碍，也使更多人难于合理就业，造成职业定位不准确。所以，父母在帮助孩子进行职业定位时，要把眼光放远些，要培养脚踏实地的精神，制订提升孩子自身能力的计划，不能过于自信，不能盲目追求成功。

（2）父母要避免孩子忽视客观需要，只强调主观。一般来说，以自己的兴趣、爱好为出发点确定职业方向是比较科学的方法,但是不能把兴趣、爱好奉为绝对化的择业信条,那样往往会使自己不由自主地陷入择业误区。寻找兴趣、爱好和周围客观环境的最佳结合点进行职业生涯规划,这样才少走些弯路。

(3)父母要避免孩子缺乏自信,满足于现状。现在的孩子虽然聪明、有能力,但是缺乏信心,刚刚走上工作岗位时,总是担心自己在各方面都不成熟,怕不能胜任工作,特别是在遇到晋升机会时,更是担心。父母要多鼓励孩子,增强自信,不满足于现状。

2.孩子不想考大学,怎么办?

 ## 留守高中生的故事

小黄是一名高中三年级的学生,父母在外打工,还有半年就高考了,父母对小黄寄予了很大的希望,总想让小黄上一个至少"二本"的大学,给他们争光,但是自从小黄上了高三以来,成绩一直上不去,几次模拟考试的分数都在"二本"以下,让他丧失了信心。在学业上得不到安慰,父母还是一直鼓励他,叫他不要放弃,但是小黄却越来越不想学习,觉得这么努力没有意义。就在离高考还有几个星期的时候,小黄给在外地打工的父母打电话,告诉父母他不想参加高考了,不想考大学了,现在的他只想出去学一门技术,然后参加工作,认为这样才更加适合他,这个决定可把小黄的父母给气坏了。

教育有道

孩子正值青春期,这是极为特殊的一段时期。青春期是青少年的心理从幼稚到成熟的过渡时期,他们的心理活动既有成熟的一面,又有幼稚的一面,这往往会造成很多的矛盾冲突。父母可能发现,孩子长大了,渐渐地不那么听大人管教了,变得叛逆、不听话。这是因为他们产生了一种强烈的成人感,进而产生强烈的独立意识,所以这个阶段的孩子对一切都不愿顺从,不愿听取父母、教师和其他成人的意见,也就是所谓的"叛逆期"。还有,进入青春期以后,许多青少年渐渐地将自己的内心封闭起来,他们有了丰富的心理活动,但却不愿表露出来,加上对外界的不信任和不满意,便愈发地把自己锁闭起来。与此同时,他们也会感到非常的孤独,需要有人来关心他们,理解他们。

处于青春期的青少年尚不能准确地评价和认识自己,很难对自己做出一个全面而恰当的评价。一次偶然的成功就会让他们沾沾自喜,而一次偶然的失利也可能会让他们觉得非常自卑。正因为高中生的心理发育还不成熟,这种不平衡的心理状态可能也是很危险的。一旦他们身心发展失衡,感受着许多心理冲突和来自外界的压力,这些问题若得不到解决,就会出现不良后果。

教子有方 >>>

孩子不想上大学有各种各样的原因,但是集中起来看,无非也就分为成绩不好、没有学习的动力和家庭因素。如果孩子表现出不想上大学的状态的话,只要找到其中的原因,就可以加以引导,纠正孩子错误的观念。

(1)利用鼓励的方式引导孩子。在马上就要参加高考的时候,孩子突然说不参加了,这个时候家长肯定是很着急的,但是也不要因着急而生怒,在这个时候千万不能责备孩子,处于青春期的孩子会产生逆反心理,那样会适得其反。只有用温和而有耐心的语气慢慢地引导孩子,并且给孩子一定的思考时间。有机会回家的话,还可以和孩子坐下来仔细地谈一谈,让孩子表达出不想读大学的原因,做到循序渐进,才能做下一步的安排。

(2)纠正孩子的不良认知。现在很多人都觉得上大学不如去学一门技术来得好,这是一个错误的观念。处于高中阶段的孩子心智发育还没有完全成熟,容易受到外界的影响和干扰,不懂得现实生活的竞争和压力,因此,家长要及时纠正孩子的不良认知,可以给孩子讲,现在的社会是知识、人才的社会,不学习,没有知识的奠基是没有办法在社会上立足的。可以让他在假期到社会上体验一下,感受一下现实的艰辛后再做出选择。

(3)父母不要给孩子制订过高的目标。在高考前夕,很多的父母都会对孩子提出要求,希望孩子考什么样的学校,这样会给孩子带来很大的压力。高中本来就是一个很矛盾的时期,再加上学业上的压力,特别是高三的学生,大大小小的考试都喜欢和高考联系到一起,让学生更加地焦虑,如果父母再给孩子很大的压力,让他们必须达到自己的目标,一旦成绩下降,孩子的自信心就会受到很严重的打击。因此,父母千万不能给孩子制订一个过高的目标,要适当地减轻他们的心理压力。

(4)让孩子学会放松。孩子不想参加高考有可能是对高考没有信心,在学业上受到了挫折,自己的压力太大所导致的。因此,家长要让孩子学会自我放松,不要一味地让孩子看书做题,鼓励孩子多出去走走,呼吸一下外面的空气,参加适当的户外活动,慢慢放松自己,因为只有当一个人拥有了放松的心态,才能去面对未知的恐惧。

小·贴士

学生不一定非要考上大学才有出路,什么行业做好了都有前途,但考上大学一般比没上大学的人就业能力与机会多。大学和中专不是一个层次,中专(高中)毕业只能从事非技术人员的工作,就业选择面窄。大学是培养工程技术人员(含文职人员)的场所,毕业

第四章 家中留育高中生

后可从事与本专业相关的所有工作,且享有定期晋级的机会,即使改行,适应能力也强,就业面非常宽,无大学文凭就不能从事工程师、经济师、讲师、律师、研究员、医师等工作,例如:考注册咨询工程师要求职业实践最少时间为:专科8年,本科6年,双学士学位4年,硕士3年,无文凭不准许。找工作时有文凭也比没文凭强,在单位有文凭一般比无文凭晋升快。

3.孩子学习压力大,怎么办?

留守高中生的故事

小冯自幼与爷爷奶奶一起生活,父母外出打工,几年回来一次。自从初中升高中后,由于初中和高中学业之间的转换没有处理好,小冯觉得高中的课程和初中的很不一样,上课也跟不上老师讲课的节奏,因此,小冯常在爷爷奶奶面前喊"压力大",并且饭也吃不香,觉也睡不好,成绩一落千丈,不管小冯怎样努力都不能把成绩提升上去,爷爷奶奶便把小冯的情况通过电话告知了小冯的父母。小冯的父母立即给小冯打电话,问他到底有什么压力,可是小冯就是说不出来。这让小冯的爸爸妈妈很是着急。

教育有道

高中生的压力一般来源于学习、同学、家庭和学校四个方面,而留守学生的压力主要是来自学习和家庭两个方面。留守学生的父母长期不在家,导致没有人对孩子的学业进行有力的监督,所以他们的学习成绩一般都不太好,学习的基础也会比非留守学生的基础差一些,因此,他们在学习上的压力往往会大于其他同学。

留守高中生来自家庭的压力普遍高于非留守学生。父母在外面辛苦劳动赚钱供他们读书,这部分学生因此会感到很内疚并感受到很大的压力,这种压迫感使孩子们更加刻苦用功,而一旦学习成绩下降或者长时间没有明显的进步,就开始对学习产生厌恶感和恐惧感,同时觉得对不起父母,内心萌发负罪感。这部分学生主要集中在一般高中学校里,省、市示范性高中学校里相对较少。

因此,孩子们的压力如果已经很大了,就需要监护人引导帮助他们释放自己的压力,以免孩子因为压力过大而出现意外。

教子有方 >>>

(1)了解产生压力的来源。一些成绩突出、追求完美的孩子,压力可能来自"鱼和熊掌"都要的心态。对这样的孩子需要帮助他分清主次,不必太求完美。另一些孩子的压力可能是因为学习基础差,学习上有畏难情绪。对这样的孩子要和他一起细细分析学习的困难究竟在哪里,要提供具体帮助。

(2)对孩子说一些让其放松的话,比如说聊聊家常、讲些小笑话,或者是让他听一些小相声、轻音乐,这样可以让他身心放松。放松以后再来学习,效率会非常高。另外,也可以让孩子趁机发泄一下情绪。

(3)体育锻炼及交流也是一种很好的方法。如果在孩子身边,可以陪伴他一起跑跑步、爬爬山;如果不在孩子身边,让家里的亲朋好友带孩子散散步、打打球。但是不要参加竞技性的体育活动,第一可能会造成伤害,第二有输赢会影响孩子的情绪。

(4)孩子诉说压力大时,父母要表现出热切的关注,并放下手中的活儿,认真倾听。在饭桌上,父母可以随机讲一些自己或别人成功处理压力的故事,也可以讲一些不成功的反面例子,引导孩子参与议论,发表自己的看法。

第四章 家中当有高中生

（2）如果孩子对父母说头疼、胃疼，表现烦躁，缺乏耐心，长时间无所事事，过多看电视，频频选台换频道，动辄发脾气，甚至偷偷流泪哭泣等，说明孩子面对的压力已经超出他的承受能力。作为父母，一定要引起足够的重视，必要的时候要带孩子去看专家，帮助孩子早日减压。当然，如果孩子的压力来自父母对孩子学习成绩不切实际的高期望，那么要改变的是父母，而不是孩子。

小·贴士

以下是美国专家列举的几种因为压力过大，可能会产生的生理现象。如果父母发现孩子出现以下几种情况，就说明孩子最近很有可能压力过大，要及时给孩子减压。

（1）做怪梦。美国新墨西哥州睡眠专家巴里·克拉科夫博士表示，当焦虑过度又手足无措的时候，怪梦就是释放压力的一种方式。如果每晚做怪梦，应寻求专业医生治疗。睡前几小时避免摄入咖啡因和酒精，也有助于改善睡眠。

（2）牙龈疼痛出血。美国牙医协会顾问金伯利·A.哈姆斯博士表示，压力大会降低免疫力，使口腔细菌增多，导致牙龈炎。建议每天刷两次牙，使用牙线洁齿，必要时使用抗菌漱口液。

（3）下巴疼痛。美国西达克瑞斯特学院心理学教授麦卡·萨迪克博士表示，人紧张时会牙关紧咬或者睡觉磨牙。这会造成颚部肌肉过紧，下巴疼痛。常做张口训练和深呼吸能缓解下巴疼痛。

（4）重度痛经。美国杜克大学精神病学与妇产科学教授黛安娜·戴尔博士表示，女性压力太大，痛经风险翻倍。建议月经到来前一两天少量服用布洛芬等镇痛抗炎药缓解痛经。另外，针灸、热敷也有助于缓解痛经和压力。

（5）好忘事。洛克菲勒大学神经内分泌学专家丹尼尔·L.沙克特博士表示，长期时间的巨大压力会改变大脑神经细胞结构，损害记忆。建议通过记事本、日历等方式帮助记忆。

三、关注孩子的行为习惯

高中阶段,同伴关系发挥着越来越重要的作用。孩子的很多行为都与同伴关系紧密联系。

留守高中生的父母要关注孩子在同伴间的攀比、异性交往等重要的行为。

1.孩子爱攀比,怎么办?

留守高中生的故事

小张是一名生活在小县城的高二学生,父母从他小的时候就外出打工,虽然小张父母在外打工很辛苦,但是出于愧疚,他们对小张提出的要求一般都是尽量地满足。

最近,班级里很多家境好的同学都用上了某款智能手机,他们用手机看电影、听歌、玩游戏,一时间,在班级里形成一股攀比的风气,拥有这款智能手机的同学都很骄傲,而没有的同学就被人瞧不起。小张就没有,所以,他给父母打电话的时候就要求他们给自己买一部智能手机,小张父母的收入不高,买智能手机有点困难,于是,他们向小张说了他们的困难,小张也不理解,一个劲地说父母不爱他了,连一个小小的要求都做不到。为此,小张的父母很伤心。

教育有道

高中时期的孩子,正是自我意识膨胀的时期,"面子"问题对于他们而言至关重要,因此,他们攀比的其实不是物质,而是"面子"。只要家长们意识到这个特点,再对孩子加以引导,这种攀比之风就不会越刮越大。要正确对待高中生的攀比心理,用一分为二的眼光去看待:一方面,它使人懂得追求,意识到要积极地完善自我,从而促进自我发展,并带动了社会的发展,这是其积极的一面;另一方面,高中生的攀比带有很大的盲目性,社会、家庭、学校在引导方面还要付出更多的努力。学生在校期间应以学习为主,并培养自己良好的思想品德,所以要比就在学习上比个高低,在做人方面比个高低。所谓的魅力、服装、学习用品的比拼是意义不大的,这方面的攀比,给家庭以及社会都带来了消极的影响。

因此,父母不要一味地溺爱孩子,孩子想要什么就买什么,就是因为家长的这种溺爱,导致孩子形成爱攀比的行为。

教子有方 >>>

(1)为孩子建立一个"小银行"。给孩子办一张储蓄卡,使孩子有储蓄意识,将自己的零花钱和压岁钱等存进银行,并且不随便动用里面的钱。可以办理银行定期取钱的项目,让孩子在一定的时间里取一定的钱,让他们有一个规划的意识。为了使孩子坚持下去,可以采取鼓励方式,例如允许他把父母给的零花钱的三分之一灵活自由消费,其他则存入银行。久而久之,孩子就不会乱花钱,还会养成存钱的意识。

(2)引导孩子树立正确的消费观。首先,高中生消费必须与家庭收入相适应,既不超前消费,也不铺张浪费,要坚持适度消费。其次,物质消费要与精神消费相适应,在满足物质需要的同时还要注重精神文化消费,不要重物质消费、轻精神消费。再次,要提高消费的科学性和合理性,使个人消费既有利于生活质量的提高和身心的健康成长,又有利于国家经济的发展和社会的进步。鼓励孩子购买打折商品,养成节俭的意识。

（3）增强孩子购物预算的意识。养成列每月购物清单、记流水账的习惯,每个月月底的时候父母可以向孩子询问花钱的情况,如果孩子每一笔账都很清楚,父母可以给予适当的鼓励,并让孩子自己分析账单,看看自己哪些是不应该花出去的,下个月的时候就要注意这个方面的花费。同时,提高自身的判断力和自控能力,完善自我素质,为抵御不良的攀比现象筑起一道坚固的心理防线。

（4）把攀比变成适当的动力。当孩子为了攀比而向父母提出要求时,父母可以告诉孩子不是不可以进行攀比,只要通过自己的努力,自己去实现攀比的条件,从而巧妙地将攀比变成孩子改变的动力。比如说,孩子想买一件名牌的衣服,父母就可以让孩子自己从零花钱里面进行积攒,或者通过劳动的方式自己挣钱,从而达到买名牌衣服的目的,这样不仅可以让孩子养成节约的意识,也能让孩子养成爱劳动的好习惯,这就是把攀比变成适当的动力。

小·贴士

（1）不能用金钱作为对孩子情感的补偿。尽管孩子平时在家缺少父母的爱,内心经受了煎熬,但是身为父母一定要将情感放在心里,给孩子零花钱时也要讲究策略,要充分体现奖勤罚懒、奖优罚劣的原则,借以养成孩子的竞争意识。

（2）家长要让子女知道自己家庭的收入状况,要从正面引导学生,攀比衣食住行是惰性和恶性循环,学习上进行"攀比"可以使自己和别人有一个更加明确的奋斗目标。

（3）改变孩子攀比的焦点。孩子爱攀比,说明他们内心有很强烈的竞争意识,想和别人一样甚至是超越他人。所以,家长可以适当地引导孩子攀比的内容,抓住孩子这种上进的心理,让他们从服饰、经济上的攀比改成学习、才能、毅力等方面的竞争。

2.孩子害怕和异性交往,怎么办?

 留守高中生的故事

　　小杨是一位长相清秀甜美的留守高中女生,在一所很有名的重点高中上高三。因为在外打工的爸爸妈妈经常在电话中给她灌输早恋的危害,让她要专心读书。于是,她时刻牢记父母的忠告,从来不打扮自己,留一头短发,穿一身男式的休闲运动衫,连衣裤和运动鞋的颜色也是"中性"的,看不出一点女孩子的色彩和特点。久而久之,她开始害怕男生的目光,更担心某个男生喜欢她,而因此妨碍学习,葬送了前途。所以,她总是低着头走路,上课时连头都不敢灵活转动。现在,她觉得自己太压抑了,学习变得枯燥乏味,学习效率也明显降低。

 教育有道

　　不论男女都有一个青春期,对每个人来讲,一个人成长的基础与青春期是否受到良好教育有重要关系,因为青春期对一个人的理想、道德、品格、文化、素质等都有密切关系,所以我们要重视青春期教育。童年时候,男孩女孩一块做游戏,手拉手一起上学,两小无猜,不分彼此。然而,随着年龄的增长,男女同学会忽然感到陌生起来,这个变化就意味着青春期的到来。青春期,是从童年到成年的过渡时期,在生理上有许多变化,最大的变化是身体的急速增长、第二性征的成熟,女性一般从 10 岁到 18 岁,男性比女性一般晚两年,大约从 12 岁到 20 岁。正因为身体上发生了巨大的变化,在青春期,人的心理也有了许多变化,如自我意识增强、情绪容易波动、爱慕异性、兴趣易转移等。作为父母，一定要让孩子正确认识正常的男女交往的益处。

（1）有利于智力上的取长补短。男性和女性的智力虽没有高下之分，却有类型的不同。比如：男生往往比较喜欢数学、物理、化学等学科，女生则比较喜欢语文、外语、地理、生物等学科。男生在掌握知识的基本功上可能稍逊一筹，但在解题的灵活性上却略占上风；女生在作文的叙述描写、运用词汇等方面可能略占上风，但在立意的新奇和结构的不拘一格上却稍逊一筹。不言而喻，通过交往，男女同学均可以从对方那里取长补短，从而有助于提高自己的智力活动水平和学习效率。

（2）有利于情感上的互相交流。人际情感是极其丰富的，除了爱情之外，还有亲情、友情等。男女之间可以有不带爱情色彩的情感交流，它可以使人感到温暖，达到心理上的平衡。一般说来，女性的情感比较细腻温和，富有同情心；男性的情感粗犷热烈，且比较外露。男生向女生吐露自己的不幸和难堪，可以在同情声中平静下来；女生向男生诉说自己的犹豫和愁苦，可以在鼓励声中振奋起来。这种异性间的情感交流是微妙的，也是从同性朋友身上所得不到的。

（3）有利于个性上的互相丰富。处在集体中的个人，交往范围越广泛，和周围生活的联系越多样，他在社会关系的各方面也就越深入，他自己的精神世界也就越丰富，他的个性发展也就越全面。有项调查从侧面说明了一个规律，那就是有与异性同胞的孩子，因为有与异性交往的条件，故较少产生异性交往时的羞怯。在生活实践中，人们不难发现，交往范围越广泛，不仅有同性朋友而且有异性朋友的人，性格相对来说比较豁达开朗，情感体验比较丰富，意志也比较坚强。这显然不是什么偶然的现象，因为正是由于多方面的交往对象的个性渗透和反馈，才丰富了他们的个性。反之，只在同性圈子里交往，人的心理发展往往是狭隘的，因为尽管同性朋友个性

第四章 家中当有高中生

167

之间也存在差异,但这种差异远不如异性间的个体差异明显。

(4)有利于活动中的互相激励。"异性效应"是一种普遍存在的心理现象,这种效应在青少年中更明显。所谓"异性效应",其表现是,有两性共同参加的活动,较之只有同性参加的活动,参加者一般会感到更愉快,干得也更起劲、更出色。这是因为当有异性参加活动时,异性间的心理接近需要得到了满足,因而会使人获得程度不同的愉悦感,并激发起内在的积极性和创造力。

(5)有利于增进心理健康。男女交往,可以满足青少年的心理需求,达到心理平衡;反之,缺乏异性交往,是适应不良的原因之一,容易发生性心理扭曲,导致性变态或性功能障碍,不少性偏离患者(如窥阴癖、恋物癖等)的病因,就是由于长时期不敢与异性接触,对异性怀有自卑、胆怯、不满等心理所引起的,而通过加强与异性的交往,往往有助于他们消除变态心理。此外,男女同学加强交往,增进了解,可以淡化彼此对异性的好奇心,掌握友谊与爱情的区别,从而更稳妥地把握自己的情感。

教子有方 >>>

正因为异性交往有以上这些好处,所以,男女生要多正常交往,破除"男女授受不亲"的封建陈腐观念,但男女同学间的交往毕竟与同性同学间的交往有所不同,特别是开始进入青春期后,大家的生理和心理都发生了较大的变化,所以在交往中应注意做到以下六点:

(1)不必过分拘谨。在与异性交往中,要注意消除异性间交往的不自然感。应该从心理上像对待同性那样去对待与异性的交往,该说的说,该做的做,需要握手就握手,需要并肩就并肩。友谊本来就是感情的自然发展,不应有任何矫揉造作和忸怩作态,那样反而会贻笑大方,使人生厌。也就是要自然地、落落大方地进行男女同学间的交往。异性间自然交往的步履常能描绘出纯洁友谊的轨迹，特别是中学时代建立起来的友谊，常会延续到成年。

（2）不应过分随便。男女间交往过分拘谨固然令人生厌，但也不可过分随便，诸如嬉笑打闹、你推我拉这类行为应力求避免。毕竟男女有别，有些话题只能在同性之间交谈，有些玩笑不宜在异性面前乱开，这些都是需要注意的。

（3）不宜过分冷淡。男女交往时，理智从事，善于把握自己的感情是必要的，但不应过分冷淡，过分冷淡会伤害对方的自尊心，也会使人觉得你高傲无礼，孤芳自赏，不可接近。

（4）不该过分亲昵。男女交往时要注意自尊自爱，言谈举止要做到文雅庄重，切不可勾肩搭背，搔首弄姿，诸如此类的过分亲昵行为，不仅会使你显得轻佻，引起对方反感，而且会造成不必要的误会。

（5）不可过分卖弄。在与异性交往中，如果想卖弄自己见多识广而"哇啦哇啦"地讲个不停，或者在争辩中有理不让人，无理也要辩三分，都会使人反感。当然，也不要总是缄口不言，过分严肃，使人对你望而生畏，敬而远之。

（6）不能违反习俗。男女交往的方式也要适合当前的社会心理。比如，当前很多人认为，男女间经常单独幽会是友谊的例外形式。尽管我们并不赞同异性交往都必须集体地进行，但过多的单独幽会容易诱发性爱心理，却也是事实。所以，男女间进行交往时，也要注意"入乡随俗"。

总之，异性交往，要自尊自重，互助、尊重，不要相互挑逗，搞一些格调不高的小动作，尤其要注意广交，不要个别深交，要关心集体，使每个同学都感到集体这个大家庭的温暖。男同学要养成帮助、爱护、尊重女同学的品格，承担更多的社会责任，女同学要学会体谅他人、端庄、稳重、处事有分寸。

第四章 家中当有高中生

小贴士

（1）首先要克服羞怯。与异性交往要感情自然，仪态大方，不失常态，以免使正常的异性交往误入歧途。

（2）要真实坦诚。在交往过程中要做到坦荡无私，以诚相待，这是建立和发展良好关系的前提和基础。切忌以"友谊"或"友情"为幌子招摇撞骗，心术不正地骗取异性的感情。

（3）留有余地。虽然结交的是知心朋友，但是，所言所行要留有余地，不能毫无顾忌。比如当谈话中涉及两性之间的一些敏感话题时，要尽量予以回避。交往中的身体接触要把握好分寸，不能过于轻浮，也不要过分拘谨。在与某一个异性长期交往中，要注意把握好双方的关系程度，不要走得太深太远，以免超越正常交往的界限。另外，男女交往还要在谈话中避免纠缠于那些不良情绪、行为；在集体活动中避免过多的单独相处；在交友范围上不设过多限制。与更多的异性同学交往，也可避免异性单独相处时产生的不适应和不自然心理。

3. 孩子和异性发生了两性关系，怎么办？

留守高中生的故事

小刘是浙江某中学的高三学生，父母常年在外打工，小刘在家一直无人管教，上高三后，每天都不认真复习，一直处于吊儿郎当的状态。一次偶然的机会，他认识了高二的一名学妹小高，两个人通过一段时间的接触成为情侣，甚至瞒着父母在校外租房同居，结果同居一段时间后，小高发现自己怀孕了，但是又过了做流产手术的最佳时期，所以不得不选择把孩子生下来，这才引起了老师和父母的注意，发现了他们早恋的事情。

小刘的父亲说，自己和爱人常年在外打工，根本不知道儿子早恋，等他知道的时候已经晚了。小刘父亲回来不久后，小高便产下了一名男婴。

 教育有道

众所周知，异性的交往是人类社会生活中不可缺少的重要组成部分，异性交往在个体成长历程中是必不可少的。中学生心里萌发的异性吸引是生理和心理走向成熟的必然结果，是一种正常的自然表现。对中学生而言，异性同学间的正常交往不仅有利于学习进步，也有利于他们个性的全面发展。

男生与女生之间的正常交往是一种纯真的友情，可以增进对异性的了解，学习对方的长处，完善自己的个性，促进身心健康发展；可以扩大交际范围，锻炼交往能力；可以学会适应不同性别的要求，增进自己的性别意识，使男生成长为男子汉，女生成长为好姑娘。但是，男女之间的不正常交往肯定会影响到学习的方面、生活的方面，乃至精神方面，对男女生将来的心理发展、个人的名誉也有影响，进而对个人的交际产生一些不必要的阻碍。

教子有方 >>>

孩子早恋是令父母担心和头痛的事情。一些父母对孩子的早恋采取封杀的措施，结果和孩子闹得很僵，有些孩子甚至离家出走。其实，进入青春期后，孩子对异性的注意和吸引是很正常的现象，父母不要太惊慌，关键是做好引导工作。

（1）转变观念，早恋并非洪水猛兽。当孩子出现早恋时，父母不要过于紧张,而是要了解孩子的心理特点,加以正确的引导,让孩子能够充分地理解和对待早恋问题,要学会与孩子沟通,加强对孩子恋爱观、婚姻观,乃至性爱观的引导。

(2)早预防,早发现,早疏导。父母可以在孩子小时候就有计划、有步骤地开展青春期教育活动,使孩子对恋爱、婚姻具有正确的认识,减少早恋现象的产生。在日常的生活中,父母要经常与孩子通过电话、网络等沟通,洞察孩子的心理变化,及早发现并分析原因。如果发现孩子已经早恋,父母要耐心疏导,让孩子认识到:爱情之花是圣洁的,只有到了一定的年龄,能够担负起责任时,才能和理解珍惜自己的人培育出爱情之花。而对于青少年来讲,在爱情生长的土壤还不具备的时候,最明智的办法是集中精力掌握知识,发展能力。

(3)指导孩子跳出早恋。父母可以鼓励孩子在学校多参加一些有益的活动,多结识一些朋友,用友情去淡化恋情。同时,父母在孩子提高认识的前提下,督促孩子尽量避免两个人独处,把精力集中到集体活动和学习上来,寻求真正的成就感。

小贴士

(1)在处理孩子的早恋问题上,父母切记做到不讽刺、不鄙视、不声张、不训斥、不惩罚。因为,这是良好沟通的前提,否则说服工作将会遭遇碰壁,甚至与孩子的关系会闹得很僵。尤其是对留守的孩子,亲情的缺失可能会让他们做出一些极端的事情来。

(2)处理孩子早恋问题切忌急于求成。孩子处于青春期,精力充沛、情感丰富,特别渴望得到家人、师长和同学的关爱。由于在一种不理智的情况下发生了早恋,要解决这个问题的主体仍然是孩子自身,所以,父母能够做的就是给孩子以时间和足够的耐心,引导孩子用理智战胜情感。

（3）教会孩子做好保护措施。如果孩子真的陷入早恋，父母一味地指责孩子只会把孩子推得更远，所以，这个时候，父母应该教会孩子相应的保护措施，既然事情无法避免，还不如教会孩子做好准备措施，以免意外的发生。家长也不要显得过于尴尬，这是一个必要的过程，至少让孩子知道避孕套的用法，减少不必要的伤害。

第四章 中药育青中生

四、让孩子学会保护自己

随着身体和思维发育日渐完全,生活经验的日益丰富,在高中阶段,外界对孩子造成的伤害会越来越小,伤害更多地来自孩子自己,比如情感受挫后的不能自控,自伤自杀;情绪冲动下的伤人伤己;情绪发泄的自我伤害;等等。

留守高中生的父母需要给孩子指导和建议,和孩子一起处理问题,避免孩子自己对自己的伤害。

1.孩子失恋了伤害自己,怎么办?

 留守高中生的故事

2007年4月20日,南京玄武区太平门一所中学内,一名高中男生因失恋跳楼。

据了解,这名男生李某与同校一名女生谈恋爱,两人经常为小事发生口角,给双方的学习带来了影响。之后,这名女生考虑到这一点,提出与李某分手,但遭到拒绝。李某的老师得知此事后,耐心地做他的思想工作,但他始终没能进入正常状态。4月20日中午,李某趁人不备,从学校一幢教学楼二楼跳下,当即不省人事,后被送到南京军区总医院抢救。

据医护人员介绍,李某被送来时神志不清,情况非常危险。经过手术,李某病情比较平稳,已经能说话了。事发后,学校领导立即通知了李某在外地工作的父母。

教育有道

　　高中阶段的学生处于人生中最矛盾、最冲动也是最不稳定的时期,所以,这个时期的学生会出现各种各样的问题,其中,不可忽视的就是早恋问题。

　　出现早恋问题的原因是多种多样的,其表现形式也各不相同,但早恋是有下列共同特点的。

　　(1)分不清爱情和好感的区别。在这个花样年华,少男少女们对异性有了很强烈的好奇心,总喜欢引起异性同学的注意,异性相吸的现象表现得很突出。容易对异性产生好感,但是,高中生常常把这种好感看作爱情,深深地陷入其中,不可自拔,这时早恋就极其容易发生。

　　(2)早恋具有盲目性。高中生之间的恋爱,大多都是一种对异性朋友的好感,或者是受异性朋友之间的友谊促使的,并不是真正的爱情,这种恋爱往往是在不知不觉中发生的,自己根本不能控制。一旦对方表现出幽默、健谈或者阳光帅气、美丽等形象,就忍不住地向他靠近,由此看出,青少年的恋爱具有一定的盲目性。

　　(3)过于美化爱情,迷恋对方。青少年对于爱情的看法很单一,一旦陷入爱河,就会把爱情进行美化,甚至过于迷恋对方,这就是俗话说的“情人眼里出西施”,就算对方身上有很多缺点,也会把那些缺点看成好的方面。

　　(4)难舍难分,喜怒无常。早恋的孩子一般都表现出难舍难分的特征,在上课的时候也不住地眉目传情,对方的一个眼神、一个微笑、一句问候,都是比蜜糖还要甜蜜的东西;下课或者放学以后也是腻在一起,一起活动,一起聊天,等等,直到很晚了也恋恋不舍,不愿分开。这种如胶似漆、难舍难分的情绪会一直持续,直到热情退却。也正是因为这种不愿分开的心理,会导致他们的情绪不稳,一旦缺

少关心或者被对方忽视，就容易表现出喜怒无常的情绪。

家长或者老师一旦发现孩子出现以上的现象，就应该引起警惕，看孩子是否已早恋。

教子有方 >>>

（1）培养孩子正确的爱情观。父母在教育孩子的过程中要注重培养孩子正确的爱情观，告诉孩子爱情、婚姻不是人生的全部，只注重爱情是对人生的贬值。在中学这个时期，学业才是最重要的，父母要及时把孩子的注意力转移到学业上来，但是也不能给予孩子很大的压力，让他们透不过气来，这样反而更容易让他们从异性身上寻求理解，更容易陷入早恋。培养孩子正确的爱情观，让他们知道该何时谈恋爱，怎样谈恋爱。

（2）父母自身经历的教育。通过父母自身的经历告诉孩子，恋爱并不神秘，让他们看看自己身边的父母、爷爷奶奶、叔叔婶婶、哥哥姐姐，哪一个组合不是爱的结果，但是他们又是多么的平凡。通过长辈的例子，让孩子正确地体会爱情的平凡而美好，而不是把爱情神秘化。父母应该告诉孩子，异性交往很重要，但是也不要越矩，多和几个异性朋友进行交流沟通，而不是局限于一两个，并合理地保持异性间交往的距离，这样放大对异性交往的面积，也不容易给予别人"非分之想"。

（3）和孩子进行书信交流。父母长期外出打工，除了和孩子进行电话沟通外，也可以进行定期的书信交流。很多时候，有的话是说不出来的，但是，通过书信的形式却能很有效地表达出来。如果家长接到老师或者监护人的提醒，说孩子早恋了，父母千万不能一味地打电话去责骂孩子，这样反而会引起孩子的逆反心理，和父母反着干，得不偿失。这时候，父母可以给孩子写一封信，上面写道："孩子，如果想守护住爱情，守护住他（她）的心，就要让自己变得完美,让自己变得更加的优秀。如果你真的珍惜这段感情,就让自己变成更加优秀的人吧!"这样写的话,不但可以获得孩子的好感,也能激发孩子努力学习的冲劲,一举两得。

(4)鼓励孩子参加户外活动。产生早恋的行为是因为孩子把注意力放在了异性的身上,所以,父母可以鼓励孩子多参加户外活动,培养他们的兴趣,转移他们的注意力,这样不仅可以避免孩子早恋,也能增强孩子的体质和自信心。

小·贴士

(1)家长在面对孩子早恋的问题上,要注意以下几个原则。

一是要理解并尊重孩子的情感变化,不要给孩子扣上各种消极的帽子。

二是要积极陪伴孩子,给孩子必要的人生指导,而不是棍棒、打骂和威胁。

三是要记得父母是孩子永远的最坚强后盾,帮助孩子协调处理好青春期的种种困难和烦恼。

(2)家长们还应当做到"三不要"。

不要把孩子对异性有好感当成洪水猛兽;不要把早恋等同于道德败坏;千万不要忘记自己也曾经有过青春萌动的时光。

2.孩子容易情绪波动,怎么办?

留守高中生的故事

小刘今年16岁,她的父母在北京做生意,因此从小就由家中年迈的爷爷奶奶照顾。小刘是在高一上学期分文理班时,由于期中考

试成绩特别优秀，从慢班分到快班的。在老师们的眼里，她是个品学兼优的学生。但不久后，大家却发现小刘的情绪变化无常，并且很喜欢走极端。刚开始进班时她也闹过几次情绪，后续的几个月里，她的情绪波动特别大，尤其是碰到不会做的题目时，心情就尤为烦躁，甚至有时还出现不想读书的想法。

 教育有道

处于高中这个阶段的孩子，学业压力很大，又处于心理发育的不稳定时期，心理还未成熟，很多孩子因外界因素的影响，对自己形成错误的认知，对自身期望值过高，会选择性关注，放大自己没有掌握的知识，形成压力，造成紧张焦虑、情绪冲动等。高中生的情绪特点一般来说有以下三点。第一是两极性和矛盾性并存。高中生的情绪容易从一个极端走向另一个极端，比如，在考试考差了的时候表现得极为沮丧，一旦考好了便欣喜若狂，不可一世。这是因为他们的认识是处于片面性的状态，不能从全面的角度看待问题，容易被短期的得失所迷惑，情绪不能自我控制，时好时坏。第二就是稳定性和波动性并存。高中生常常意气用事，很注重同伴之间的交往，所以，在对待同伴的问题上，常常可以为了朋友"抛头颅，洒热血"，因此，情绪极易冲动，但是随着他们年龄的慢慢增长，经验和知识也随之而增长，也会慢慢懂得控制自己的情绪，表现出逐渐平稳的状态。第三是外显性和内隐性并存。高中生对外界的反应是迅速而敏感的，他们的情绪常常表现在自己的脸上，因此具有外显性，但是和初中的学生相比，他们又很注重自我的进一步发展，所以在自我调节和情绪的表达方式上得到了发展，在一定的场合下，他们往往会考虑自己的形象，为了维护自己的形象，从而控制自己的情感。

 **教育有道**

高中阶段的孩子是矛盾综合体,他们处理情绪的方式往往是很矛盾的,这一秒很高兴,下一秒就可能变得很伤感,这种情绪转换的速度之快,让人措手不及。因此,家长面对情绪冲动的孩子要合理地引导,具体可以通过以下几条途径来帮助他们及时走出负面情绪。

(1)教会孩子调控情绪。想要合理地控制自己的情绪就要拥有平静的心态,而想要拥有平静的心态就不要太过于注重得失。因此,父母要合理地引导孩子形成正确的价值观,通过帮助孩子制订合理的奋斗目标,培养孩子广泛的兴趣爱好,教会孩子学会欣赏自己,鼓励孩子多与人交流等,让孩子始终保持正向的积极的情绪,学会控制自己的情绪,提高学习效率。

(2)帮助孩子合理宣泄心理压力。俗话说,"久病积成疾",一个人病久了,一直治不好的话就容易形成更大的疾病。心理上的负面情绪也是一样,一旦负面情绪得不到发泄,一直堵在心里面,就容易形成更大的情绪问题,进而采取一些冲动的行为,造成更大的祸端。这个时候,父母的作用就很大了。一旦父母通过家人或者老师的反映知道孩子存在负面的情绪,就应该采取一定的措施,通过打电话、视频交流等多关心一下孩子,了解孩子形成不合理情绪的原因,并及时帮助孩子合理宣泄心理压力,在孩子抱怨的时候不要急于纠正他们的错误,应静静地倾听他们的话,表现出理解的姿态,很多时候,坏的情绪只要抒发出来就会好了,让孩子自己说是一个很重要的过程。因此,父母不要给孩子造成心理包袱,不要给予过多的关注,更不要刻意去做过多的事情。同时,父母也要多与学校老师、监护人交流,了解孩子学习、生活上的情况。

小·贴士

（1）千万不要硬碰硬，要耐心教育。像小刘这样的对自己期望过高的孩子心气儿很高，脾气也很倔强，作为父母如果态度强硬地去教育她，她一定会坚持己见，表现出更强硬的态度。这时，就应该陪在她身边倾听。

（2）尽可能从侧面引导。当孩子情绪不稳、倔强反抗时，父母尽可能通过旁敲侧击的方式来影响孩子，转移她的注意力。等孩子的倔强情绪有所动摇时，再找机会来分析问题并解决问题。

（3）与孩子平等对话。在给孩子好的意见和建议时，一定不要强加给孩子，而是要通过委婉的语气，以适当的方式提出，让孩子能欣然接受。

3.孩子自己伤害自己，怎么办？

留守高中生的故事

小谢是某中学高二年级的一名学生，父母在他上高中后便外出打工，小谢就跟着爷爷奶奶一起生活。起初父母才离家时小谢也很不习惯，很想念父母，于是常常给父母打电话，和父母进行沟通。父母的外出看似对小谢也没有形成多大的困扰，直到高中二年级的那个暑假，同学和老师才发现了小谢的问题。

高中二年级的时候，小谢和父母打电话的次数越来越少，在班级里也越来越沉默，不愿意和同学一起玩耍。有一次上体育课，小谢就一直待在教室里没有出去运动，同班同学小王回教室拿东西，发现小谢鬼鬼祟祟地坐在位子上不知道在干吗，小王出于好奇走近一看，原来小谢正拿着刀片在往自己的手臂上割，小王吓着了，及时告诉了老师。老师了解情况后把小谢叫到办公室问原因，小谢一直选择沉默，不回答老师的问题，老师没办法，只有打电话给小谢的母亲，请她从外地回来解决小谢的问题。

等到小谢的母亲回来和小谢谈话后才知道，小谢在父母走后一直觉得很孤独，像被父母抛弃，他心里很难过，渴望得到别人的关心，只有通过自残的方式才能觉得自己是活在这个世界上的。

 ## 教育有道

留守孩子长期见不到父母，与老人也没有太多的共同语言，平时基本上都是独来独往，缺少关爱和沟通。很多孩子受了委屈也只能憋在心里，久而久之很多留守孩子就会产生自虐的倾向，有的是发泄不满情绪，有的是想引起父母的关注。如果忽略了孩子的这些行为特点，严重的甚至可能造成孩子的自残自杀。

然而，出现这种自伤或者自杀的情况，主要的原因就是面对孤独或者挫折时心中的痛苦无法发泄，为了寻求心理上的平衡和安慰，便用这种极端的方式来缓解自己的压力。

孩子在面对父母的无奈或者老师的批评时，会将这些错误都归咎于自己，认为是自己的出现导致了父母外出，是为了自己他们才出门打工，或是自己太笨导致老师批评自己。这种归因方式导致孩子身上会背负很大的压力和负罪感，所以容易选择通过自残的方式来惩罚自己或是发泄不满。

高中时期的孩子生理和心理发展都还不健全，会受到家庭、学校以及同伴等方面的很大影响，因此家庭和外界的关心、关爱对他们的健康成长就显得格外重要。同时，这个时期孩子的心理又是矛盾的。虽然他们在这段时期情绪不稳定，甚至有些脆弱，但是他们又认为自己长大了，有自己为人处世的方法，非常想展示出自己成熟和独立的一面。在这种冲突的心理状态下孩子会承担很大的心理压力,如果在家庭和学校中又不能得到自信和安全感的话,他们则会表现出自责甚至自虐的倾向。特别是留守学生,他们考虑的东西会更多,给自己增加了很多不必要的压力,久而久之便形成一种自伤行为模式,严重的甚至有自杀的想法。

教子有方 >>>

(1)多关心孩子,及时了解孩子的需求,纠正孩子的坏习惯。虽然留守孩子的父母不在身边,但仍可以通过书信、网络和电话等方式与孩子沟通,了解孩子的需求,让孩子感受到父母的疼爱,让他们对父母无话不说。同时,借机培养他多方面的兴趣和爱好,转移他们的注意力,帮助孩子改掉坏习惯。

(2)安抚孩子生气、急躁的情绪。当与孩子沟通时发现他精神不好,情绪不佳甚至有些生气、急躁,父母要及时地安抚孩子的情绪并进行疏导。疏导时注意语气的舒缓和语言的温和,尽量让沟通的氛围民主、平静。

(3)规范自身的行为,避免孩子模仿不好的行为。孩子的行为问题并非单纯就是他一个人的行为问题,很多时候孩子会效仿父母或者是家里老人的行为方式。因此,全家人都要在孩子面前做好表率,避免孩子养成不良行为习惯。

(4)加强孩子的生命观教育。加强孩子对身体和生命的爱护,引导孩子思考生命究竟是什么,一个人应该怎样活着,我们应该有怎样的健康而合理的生命观。让他们明白自伤、自杀是懦夫的行为,是不可取的,勇敢的人应该面对现实。

小贴士

(1)预防留守孩子情绪方面的刺激很重要,父母要适时引导并耐心安抚,让孩子的情绪得到平缓,压力得到及时的释放。另一方面要注意他们的安全,多关心他们,让他们得到足够的关爱。

(2)不要错过孩子的任何一点异常表现。父母要多观察、体会孩子的成长与变化,对于孩子的不文明、不健康、不理智的行为和不良情绪,不要采取简单粗暴的方式来对待,而是应该分析原因,发现源头,以理服人。

五、异常情况

高考是每一个高中生要经历的人生第一次大考试。面对高考，有的孩子沉稳冷静，有的孩子惊慌失措，有的孩子濒临崩溃的边缘。

对于高考恐惧症这样的异常情况，父母需要与教师一起配合，陪孩子一起走过高三这段特殊的时期。

孩子得了高考恐惧症，怎么办？

 留守高中生的故事

小张，18岁，父母长年在外奔波，所以他对自己的要求很严格，希望通过自己的努力，改变生活，不要像爸爸妈妈那样整日奔波。高三的他每天给自己制订学习目标，目标没完成，就坚决不会休息，并认为只要当天的学习计划没实现，第二天的课程就没法继续。严重的强迫症导致他经常头痛失眠，上课时老走神，总记不住东西，有时候感觉心慌、头昏，晚上也睡不好觉，白天的精力就更不好了。考试时，大脑一片空白，本来会做的题往往也写错，他总觉得自己太不争气了。

 教育有道

像小张这种把高考看得过度重要而出现的症状属于典型的高考恐惧症的症状。所谓高考恐惧症，是因高考压力引起的考试焦虑，主要表现在高考前和考试期间出现的过分担心、紧张、不安、恐惧等复合情绪障碍,还可能伴有失眠、消化功能减退、全身不适和自主神经功能失调等症状。有的考生会因此而逃避考试,严重的可发展为精神障碍。因此,正值高三年级的学生的家长要对此引起高度的重视,正确认识和防治孩子的高考恐惧症。

(1)并非所有的焦虑对孩子的学习都有害。焦虑是一种复合性情绪状态,包括焦虑反应、过度焦虑和焦虑症三个由轻到重的层次。考试焦虑属于过度焦虑,其特点是焦虑已经明显地影响正常学习和生活,但患者对引起焦虑的原因十分明确,考试一旦解除,多能迅速恢复。其实,面临高考,绝大多数高三学生都会有些紧张,比如准备不充分、自我要求过高、生病等一些确切的现实因素,均会让他们对考试产生担心和忧虑,但它属于焦虑反应,是正常现象。适度的紧张可以维持考生的兴奋性,增强考生学习的积极性和自觉性,提高注意力和反应速度等。但是,紧张的动机和学习成绩呈"倒 U 形曲线"关系,即焦虑水平过低,不能激起学习的积极性;焦虑水平适当,学习效率会增强;焦虑水平过高,过度紧张,反而会引起学习效率的降低。

(2)找准孩子高考恐惧的原因。高考恐惧是孩子在不良的教育环境下,主客观因素共同作用而形成的,多数是因为家长和老师有意或无意地对孩子提出过高要求,超越了孩子的承受能力而形成的过度的心理压力。高考恐惧与下列因素有关:一是孩子学习能力较弱,学习效果差;二是孩子对自己要求过高,超出了自己的能力范围;三是孩子把高考看得太重;四是孩子曾经经历过重大的考试失败;五是孩子的心理承受能力差;六是备考期间,孩子身体状况不太好;等等。

教子有方 >>>

(1)在备考期间父母情绪要稳定。父母情绪稳定了,通过感染、

第四章 家中若有高中生

暗示等心理机制,也有助于维持考生情绪的稳定。父母如果在家里营造出充满信心、轻松的氛围,会对考生产生积极影响,有利于强化考生的信心。父母切记不要在孩子面前提考得上考不上的事,给孩子敲警钟,无形中会增加孩子的压力。家长可以捕捉适当的时机,跟孩子平等地交流,可以选择一些孩子感兴趣的内容或社会性话题,更多地关注孩子生活中的状态,帮助孩子转移焦虑的情绪。让考生把心里的苦恼说出来,让高考压力得到释放,紧张的情绪就会有所缓解。还可以进行适量的运动,如:坐下来再站起来、跳绳、摇摇脖子、舒展双臂,这些活动可以帮助身体变得柔软轻松,紧张感会随着运动一起消失。

(2)在生活上不要异常化。不要给予过多过分的关心、关注,尽量让生活正常化,不要刻意去做过多的事情,说过多的话,给更多的钱,只要和平时一样就可以了,让孩子可以放松心情,以平常心看待考试。但是考试头一天需要提醒孩子准备好考试工具,注意根据气候增减衣服。

(3)必要时带孩子看心理医生,适当用药。专家提醒,如果高考前出现高考恐惧症不能自我缓解、症状加重,则需要及时说服孩子,并带孩子到医院接受治疗。

小·贴士

(1)不过分干涉学习,把备考决策权交给老师。临近高考,学校、学生和家长都紧张起来,这是很正常的事情,但要注意扮演好各自的角色。每年的高考备考,高三年级组都是一个很强的专家团队。对于知识点如何把握,每科考什么,怎么考,每阶段如何练习,高三年级组都有一整套科学严密的"作战计划"。学生不会比他们更全面,家长一般也不会比他们更高明。因此,备考的战略决策权应该交给学校和老师。

（2）不与孩子赌气，努力当好"垃圾桶"。据调查，考生七成的焦虑都是来自家庭。因此，父母不仅不要给孩子加压，而且要努力成为孩子的心理"垃圾桶"。如果孩子考差了，或者接收了来自社会上的负面情绪，你就让他通通倾泻在你的头上。父母要"忍辱负重"，不管孩子多大，这时他们依然是孩子。发现孩子有负面情绪时，家长就只能当忠实听众，千万不要去和孩子赌气，这是父母能做的最大贡献。

后记

社会的不断发展在给我们带来一系列好处的同时，一系列问题也接踵而至，其中，留守儿童的问题不容小觑。据权威调查，中国农村目前的留守儿童数量超过了 5800 万，其中，留守儿童的心理问题检出率高达 57.14％，相当于有一半多的留守儿童或多或少地都存在着心理问题。

留守儿童正处于心理和生理发展的最重要的时期。但是由于他们长期与父母分离，被托付给亲戚朋友们照顾，感情上的缺失让他们渐渐变得冷漠、孤独，逐渐成为"问题儿童"，让外出打工的父母十分操心，不知该如何管教孩子。

因此，针对这种情况，我们编写了这本小册子，旨在帮助留守儿童的家长合理有效地教育孩子，给他们提出一些建议。本书分为四篇，以不同年龄阶段（学龄前、小学、初中和高中）的留守儿童的实际例子作为切入点，把留守儿童在不同阶段所表现出来的问题一一呈现出来，并以"教育有道""教子有方"和"小贴士"等板块来指导父母关心孩子、了解孩子，帮助"问题儿童"走出阴霾，让爱的阳光照亮他们的心灵，让他们感受到爱的温暖。

本书由重庆邮电大学长期从事心理健康教育工作的几位教师编写。全书共分为四章，具体工作分配为：第一章、第二章由重庆邮电大学陈敏完成；第三章由重庆交通大学黄亚凝、重庆师范大学陈叶丹完成；第四章由重庆邮电大学杨静完成。陈敏、黄亚凝负责全书的框架结构设计，指导具体的撰写工作，并统稿、定稿。重庆师范大学的王白云、吴林聪、吴桐、魏秦柯等几位同学搜集了大量资料。

在写作的过程中,我们参阅和引用了有关专家学者的专著、教材、论文和网络上的一些观点和资料,在此谨向这些文献资料的作者表示衷心的感谢! 西南师范大学出版社的郑持军等同志对书稿的修改提出了宝贵的意见和建议,在此一并表示感谢!

由于水平有限、时间仓促,书中难免有一些不足之处,敬请各位专家和学习者批评指正,以期再做修订。

编者于重庆邮电大学

2015 年 5 月

后记